Ingo Broer / Jürgen Werbick (Hrsg.)

„Der Herr ist wahrhaft auferstanden"
(Lk 24,34)

Stuttgarter Bibelstudien 134

Herausgegeben von
Helmut Merklein und Erich Zenger

Ingo Broer / Jürgen Werbick (Hrsg.)

„Der Herr ist wahrhaft auferstanden" (Lk 24,34)

Biblische und systematische Beiträge
zur Entstehung des Osterglaubens

Verlag Katholisches Bibelwerk GmbH
Stuttgart

CIP-Titelaufnahme der Deutschen Bibliothek

„Der Herr ist wahrhaft auferstanden": (Lk 24,34);
bibl. u. systemat. Beitr. zur Entstehung d. Osterglaubens /
Ingo Broer; Jürgen Werbick (Hrsg.). –
Stuttgart: Verl. Kath. Bibelwerk, 1988
  (Stuttgarter Bibelstudien; 134)
  ISBN 3-460-04341-5

NE: Broer, Ingo [Hrsg.]; GT

Inhaltsverzeichnis

Vorwort

Die Diskussion um die Entstehung des Osterglaubens ist seit Rudolf Peschs Vorstoß nicht mehr zur Ruhe gekommen. Pesch hat zwar inzwischen seine Thesen weitgehend modifiziert; aber andere Autoren (etwa die auch in diesem Band vertretenen H. Verweyen und I. Broer) sind mit neuen Argumenten der Frage nachgegangen, ob und inwiefern der Osterglaube der Jünger angesichts des Kreuzes von einer neuen Initiative des göttlichen Vaters hervorgerufen werden „mußte", ob mithin das leere Grab und/oder die Erscheinungen des Auferstandenen den Glauben an die Errettung des Sohnes aus der Macht des Todes und an seine Erhöhung zum Vater begründet haben.

Diese Frage stand im Mittelpunkt eines über zwei Semester laufenden Oberseminars, das die Herausgeber zusammen mit Hans Reinhard Seeliger an der hiesigen Universität durchgeführt haben; und sie beschäftigte ein wissenschaftliches Kolloquium, das im Rahmen dieses Seminars stattfand (vom 19.–21. 11. 1987). Vier der fünf dabei gehaltenen Referate sind in diesem Band dokumentiert. Beigefügt ist ein Aufsatz von Ingo Broer, der die Position pointiert vorstellt, um deren Begründbarkeit und theologische Legitimität im Seminar und beim wissenschaftlichen Kolloquium in kollegialer Freundlichkeit gestritten wurde. Die Mitstreitenden sind sich darin einig gewesen, daß in der Diskussion falsche Alternativen überwunden werden konnten, und sie haben gemeinsam zu klären versucht, worum es bei diesem Streit eigentlich geht. Wir hoffen, daß dieser Band einen Klärungsprozeß widerspiegelt, der den theologischen Streit gewiß nicht überflüssig macht, ihn aber auf die ausschlaggebenden Punkte konzentriert.

Siegen, im April 1988 Die Herausgeber

Vorösterliche Vorgaben für den Osterglauben

von

Peter Fiedler

A. Vögtle nennt in seiner Untersuchung „Wie kam es zum Osterglauben?" zwei Gesichtspunkte, „denen die weitere Diskussion der Frage nach der Entstehung und Artikulierung größtes Augenmerk schenken muß". Der eine meint die „Frage nach dem Kontinuum zwischen einem durch das Wirken Jesu vorbereiteten, grundgelegten Glauben der Jünger und dem nachmaligen Osterglauben". Dabei ist die Verbindung der „Sache" Jesu, also der „Gottes- und Gottesreichverkündigung", mit seiner Person zu beachten. Der andere Gesichtspunkt meint „die Frage nach dem Verstehenshorizont, nach den Jüngern zuhandenen Vorstellungen ..., die im Verein mit ihren Erfahrungen mit Jesus bei der Gewinnung und Artikulierung des Osterglaubens wirksam werden konnten".[1] Um diese beiden Fragenkomplexe geht es, wenn von vorösterlichen Vorgaben für den Osterglauben die Rede ist.

I. Welche Vorstellungen können bereits vor dem Karfreitag für die Jünger – und da natürlich auch für Jesus – als geläufig angenommen werden?

1. Der „Auferstehungsglaube"

Der Glaube an ein Leben jenseits des Todes war bekanntlich eine damals nicht von allen Juden geteilte Auffassung – sie gehörte zu den recht jungen Errungenschaften des jüdischen Glaubens.[2] Für den Zugang zu diesem Leben lag nach dem biblischen Menschenbild die Vorstellung der endzeitlichen Totenerweckung durch Gott nahe. Allerdings zeigen uns einschlägige Texte des biblischen und nachbiblischen Judentums, die zu einem beträchtlichen Teil zeitgleich sind, eine unsystematische Vielfalt von Vorstellungen[3] – was übrigens auch (noch) für das Neue Testament gilt. Auch wenn uns der Befund in den Evangelien wie bei Paulus (Röm 4,17) veranlaßt, von der Vorstellung der endzeitlichen Totenerweckung auszugehen, sind wir nicht in der Lage anzugeben, welche Gedanken sich Jesus

---

[1] In: *A. Vögtle/R. Pesch*, Wie kam es zum Osterglauben?, Düsseldorf 1975, 9–131, hier 84f.
[2] Dazu s. meinen Beitrag „Auferstehungsbotschaft und Christusbekenntnis" in: P. Fiedler u.a. (Hrsg.), Studientexte Funkkolleg Religion, Weinheim und Basel/Gütersloh/Düsseldorf 1985, 197–211, hier 197–199.
[3] Vgl. den gut orientierenden Überblick bei *H. Gollinger*, „Wenn einer stirbt, lebt er dann wieder auf?" (Ijob 14,14), in: L. Oberlinner (Hrsg.), Auferstehung Jesu – Auferstehung der Christen (QD 105), Freiburg 1986, 11–38, hier 25–38.

und seine Jünger im einzelnen darüber gemacht haben.[4] Wir tun uns bekanntlich schon bei Paulus schwer, seine diesbezüglichen Aussagen eindeutig zu fassen.[5] Doch von den Augen- und Ohrenzeugen des irdischen Jesus besitzen wir überhaupt nichts, um sagen zu können, wie sie von ihrem Menschenbild aus über die Toten dachten, über ihre eigenen und die ihres Volkes und – vielleicht auch – über die toten Nichtjuden, wie über den Zwischenzustand bis zur Erweckung und wie über den Zustand bei der Erweckung und nach dem Gericht und wie über ihre eigene Zukunft, wenn sie damit rechneten, daß sie das Ende noch erleben würden.[6] Zuversichtlich läßt sich aus der Jesusüberlieferung kaum mehr als das „Daß" erschließen. Für die Verknüpfung der Gerichtserwartung mit der Hoffnung endzeitlicher Totenauferstehung braucht hier nur auf die Verbindung Jesu und eines Teils seiner Jünger mit der Taufbewegung des Johannes hingewiesen zu werden, auch etwa auf die Schlußbitte des Vaterunser.[7]

Vom apokalyptischen Horizont des Auftretens Jesu und der Gefolgschaft seiner Jünger aus darf man – das sei hier gleich angemerkt – auch damit rechnen, daß Jesus und seine Jünger der Möglichkeit von Offenbarungen aus der himmlischen Welt, zum Beispiel durch Erscheinungen, Visionen und Auditionen, nicht mit denselben oder ähnlichen Reserven gegenübergestanden sind, wie es verbreitet bei uns heute geschieht. Dabei braucht jetzt nicht erörtert zu werden, ob Lk 10,18 auf den irdischen Jesus zurückgeht oder nicht.

---

[4] Mk 2,20 und Lk 9,51 lassen sich nicht im Sinne *U. Kellermanns*, Auferstanden in den Himmel (SBS 95), Stuttgart 1979, 10 Anm. 7, als Hinweise auf eine Entrückungserwartung Jesu auswerten, sondern – wenn schon – bei den urchristlichen Verfassern bzw. Tradenten.

[5] Vgl. *P. Hoffmann*, Art. Auferstehung der Toten I/3. Neues Testament, in: TRE IV (1979) 450–467, hier 452–458.

[6] Trotz der Einwände von *H. Giesen*, zuletzt in seinem Aufsatz „Naherwartung im Neuen Testament?", in: Theologie der Gegenwart 30 (1987) 151–164, hier 152–155, scheint mir weiterhin die Annahme am plausibelsten zu sein, daß das Wirken Jesu im Horizont einer damals im jüdischen Mutterland verbreiteten Naherwartung steht.

[7] Lk 11,4c par Mt 6,13a läßt dabei „auch, sogar primär, an die Anreizung zur Sünde ... hier und jetzt" denken: *A. Vögtle*, Der „eschatologische" Bezug der Wir-Bitten des Vaterunser, jetzt zusammen mit einem Nachtrag im Aufsatzband „Offenbarungsgeschehen und Wirkungsgeschichte", Freiburg 1985, 34–49, hier 45, vgl. 41–45.

2. Heilserwartungen und Heilsmittlervorstellungen

Was das endzeitliche Handeln Gottes und die Person desjenigen betrifft, der es vorbereiten und/oder in Gang bringen sollte, so lassen sich für die vorösterliche Zeit ebenfalls nur sehr unscharfe Konturen feststellen. Gewisse Rückschlüsse ergeben sich wiederum aus der Herkunft jedenfalls eines Teils der Jesusgemeinschaft von der Täufergemeinschaft und aus Johannesüberlieferungen, die sich aufgrund der auch nachösterlich bestehenden Verbindung im Neuen Testament erhalten haben.

Johannes als endzeitlicher Prophet, der das Eingreifen Gottes – und nicht eines Messias – vorbereitet (Lk 1,76) – diese Sicht konnte von Anfang der öffentlichen Tätigkeit Jesu an als Deutekategorie aufgegriffen werden. Sie besaß den Vorzug, daß die *königlich*-messianische Komponente der Befreiung von Unterdrückung und Fremdherrschaft – ein Anliegen, das in der Botschaft Jesu wie in der des Täufers eingeschlossen ist – Gott selbst vorbehalten wird. Dies ist wichtig nicht nur im Hinblick auf die Spannweite damaliger messianischer Erwartungen allgemein, sondern speziell auch im Hinblick auf das Verständnis Jesu durch seine Jünger, sei es vor, sei es nach dem Karfreitag. Denn wie das Fehlen königlich-messianischer Züge und auch der gewaltsame Tod des Täufers es nicht ausgeschlossen haben, daß er von seinen Jüngern zumindest später als messianische Gestalt angesehen wurde, so muß man für die Jünger Jesu wenigstens grundsätzlich die Möglichkeit offenhalten, daß ihnen – selbst wenn sie den Irdischen „nur" als endzeitlichen Propheten betrachtet haben (sollten) – dann (hier muß ich sagen: aus welchen Gründen auch immer) der Schritt nicht als unberechtigt erscheinen mußte, Jesus als Messias anzusehen.

Das Problem der Konkurrenz der beiden endzeitlichen Propheten bzw. der beiden Messiasse braucht hier nicht verfolgt zu werden. Auf der Ebene der Jüngergemeinden war es ja (von einem gewissen Zeitpunkt an) entschieden. Allerdings gab es für die Urkirche beträchtliche Schwierigkeiten durch die Tatsache, daß ihr Messias Jesus sich durch die Teilnahme an der Johannes-Taufe dem Täufer in seinem Sendungsauftrag untergeordnet hatte. Die griffige Formulierung vom „letzten Boten nach dem letzten Boten"[8] verschleiert diese Verlegenheit und ihre Konsequenzen. Denn wenn nach dem „letzten" Boten Gottes noch ein weiterer kam – warum sollte dann dieser nicht seinerseits nur der vorletzte sein? Das

---

[8] *R. Pesch*, Das Abendmahl und Jesu Todesverständnis (QD 80), Freiburg 1978, 103, vgl. 103–105 (wo der Täufer völlig einseitig auf das Gericht fixiert wird).

Problem entschärft sich, wenn für Johannes und für Jesus sowie ihre jeweilige Anhängerschaft die Deutekategorie „endzeitlicher Prophet" maßgebend war. Dann brauchte jedenfalls bis zum Karfreitag – ganz gleich, ob Jesus seine öffentliche Tätigkeit begann, während Johannes noch wirkte (Joh 3,24), oder erst nach seiner Verhaftung (Mk 1,14) – die Konkurrenz zwischen den beiden endzeitlichen Propheten keineswegs bis zur wechselseitigen Exklusivität zugespitzt (verstanden) gewesen zu sein.[9] Für die Bewältigung des Todesgeschicks ihres jeweiligen Meisters können die Vorstellung vom leidenden Gerechten, den Gott errettet, oder auch diejenige vom gewaltsamen Schicksal der Propheten in der Anhängerschaft vorausgesetzt werden,[10] nicht jedoch die von R. Pesch im Anschluß an K. Berger postulierte „Erwartung von messianischen Propheten (wie Elija und Henoch), die in Ausübung ihres Prophetendienstes getötet werden, aber dann auferstehen und in den Himmel auffahren".[11] Diese Hypothese hat der sorgfältigen Nachprüfung durch J. M. Nützel nicht standgehalten.[12]

Davon abgesehen, wird man bei Jesu Jüngern zunächst grundsätzlich fast das ganze Spektrum damaliger messianischer bzw. Messias-Vorstellungen annehmen müssen[13] – das hängt am Adressatenkreis Jesu. Seine Botschaft und sein Wirken werden allerdings wie eine Art Filter gewirkt haben, wenn man davon ausgehen darf, daß bereits der Irdische messianische Erwartungen auf sich zog. Aber auch im Neuen Testament ist die Bandbreite messianischer Kategorien noch beträchtlich – trotz (oder gerade vielleicht auch wegen) des Karfreitags.

Für die Zeugnisse des Neuen Testament ist selbstverständlich der Beitrag zum Gebrauch messianischer Kategorien durch solche Juden nicht zu unterschätzen, die erst nach dem Karfreitag den Schritt in schon bestehende Gemeinschaften von Anhängern Jesu getan haben. Auch dieser Beitrag gehört prinzipiell zu den „Vorgaben des Osterglaubens" (der ja nicht etwa

---

[9] Vgl. die Hinweise bei *A. Vögtle*, Osterglauben (s. Anm. 1) 83 mit Anm. 16.

[10] Dazu *A. Vögtle*, Todesankündigungen und Todesverständnis Jesu, in: K. Kertelge (Hrsg.), Der Tod Jesu (QD 74), Freiburg 1976, 51–113, hier 59–62.

[11] *Ders.*, Der verkündigende und verkündigte Jesus „Christus", in: J. Sauer (Hrsg.), Wer ist Jesus Christus?, Freiburg 1977, 27–91, hier 48.

[12] Zum Schicksal der eschatologischen Propheten, in: BZ N.F. 20 (1976) 59–94. Für *Nützel* bedeutet die Annahme der „Erwartung einer Ermordung und Auferweckung eschatologischer Propheten zur Zeit Jesu ... bei der Spärlichkeit der Texte und bei der Vieldeutigkeit, die ihnen gerade wegen ihres Umfanges anhaftet", nicht mehr als eine „Verlegenheitslösung" (94).

[13] Mit Zuversicht kann man natürlich die Erwartung eines Messias „aus dem Haus Aaron" wie in Qumran ausblenden.

mit der Offenbarung des Auferstandenen vor Kephas einfach und fertig da war), allerdings nicht zu den hier gemeinten „vorösterlichen" Vorgaben. Ausschließen kann man jedoch auch (noch) für solche frühe Christen als Vorgabe die Erwartung eines Heilbringers, der eines gewaltsamen Todes sterben und auferweckt würde bzw. werden müsse – Paulus liefert die beste Bestätigung dafür. Aber dies führt schon zum andern Fragenkomplex.

II. Mit welchen Erfahrungen mit dem irdischen Jesus läßt sich im Blick auf die „Gewinnung und Artikulierung des Osterglaubens" der Verstehenshorizont der Jünger in Beziehung setzen, der mit der Hoffnung auf endzeitliche Totenerweckung (neben anderen über die Todesgrenze hinausreichenden Hoffnungen) und messianischen Erwartungen bzw. Messiasvorstellungen natürlich nur ausschnittweise und sehr grob skizziert ist?

1. Ein ausdrücklicher Heilsmittler-Anspruch Jesu?

Ein mit Jesu Basileia-Botschaft verbundener ausdrücklicher, titular gefaßter Heilsmittler-Anspruch wäre fraglos die willkommenste Lösung. Am ehesten kommt hier nicht der Messias-, sondern der Menschensohn-Titel in Betracht.[14] Denn die mit diesem Titel verbundenen Vorstellungen, wie sie in den „Bilderreden" von aethHen belegt sind, eignen sich wie bei keinem anderen Hoheitstitel dazu, die dem Tod folgende Existenz Jesu bei Gott mit einer vorhandenen Deutekategorie zu erfassen. Hätte Jesus also von sich als zukünftigem Menschensohn-Endrichter – verhüllt oder offen[15] – gesprochen, dann wären Gewinnung und Artikulierung des Osterglaubens – auch ohne zusätzliche Vorhersage seiner Auferweckung – historisch (und theologisch!) derart vorbereitet gewesen, daß Ostererscheinungen überflüssig gewesen wären.
In einer solchen Bestreitung von Ostererscheinungen bestand die innere Folgerichtigkeit des Versuchs von R. Pesch.[16] Nach seiner Kehrtwendung hin zu „Menschensohnvisionen der Jünger" nach dem Karfreitag kann

---

[14] Zu den Schwierigkeiten (des Sinnes) eines Messiasbekenntnisses A. *Vögtle*, Osterglauben (s. Anm. 1), besonders 77–79 bzw. 84.

[15] Zu Lk 12,8f par vgl. L. *Oberlinner*, Zwischen Kreuz und Parusie, in: Auferstehung (s. Anm. 3) 63–95, hier 76 Anm. 37.

[16] Zur Entstehung des Glaubens an die Auferstehung Jesu, in: ThQ 153 (1973) 201–228.

ihm L. Oberlinner zu Recht einen Verzicht auf solche Folgerichtigkeit vorhalten: „Der Hinweis auf die ‚Notwendigkeit' von ‚Erscheinungen' kann nur noch als Versuch einer Integrierung historisch gut bezeugter Sachverhalte (nämlich der Erscheinungen) in ein theologisches System (die Menschensohn-*Christologie*) bewertet werden, in welchem sie allenfalls die Funktion geschichtlich zufälliger Ereignisse zugesprochen bekommen können."[17]

Nun läßt sich aber die Verwendung des Menschensohntitels durch Jesus – als Voraussetzung für „Menschensohnvisionen der Jünger" –, wie sie in den Evangelien begegnet, mit A. Vögtle u. a. immer noch am besten als erst urkirchliche Übertragung dieser Deutekategorie im Lichte des Osterglaubens erklären.[18] Für diese Auffassung sprechen allein schon solche schwerwiegenden überlieferungsgeschichtlichen Gründe, wie sie H. Schürmann in seinem Beitrag für die FS Vögtle, „Beobachtungen zum Menschensohn-Titel in der Redequelle", so zusammenfaßte, „daß die titulare Menschensohn-Christologie – und wenn es einen nichttitularen Gebrauch von ‚Menschensohn' nicht gegeben hat: die Menschensohnbezeichnung überhaupt – nicht in der ältesten Logienüberlieferung beheimatet ist, sondern eher in einer folgenden, theologisch deutenden Schicht".[19] Wenn demnach mit der Verwendung eines Hoheitstitels durch den irdischen Jesus nicht gerechnet werden kann, müssen andere Erfahrungen der Jünger in Betracht gezogen werden.

2. Die Verknüpfung von Sünde und Tod durch Jesus?

a) J. Kremer zufolge habe Jesus, „wie auch eine kritische Sicht der Evangelien nahelegt, um die Verknüpfung zwischen Tod und Sünde gewußt ... Bei Exorzismen und Krankenheilungen ging es Jesus nicht so sehr um medizinische Therapien als vielmehr um Befreiung aus einer durch die Sünde bedingten übermenschlichen Versklavung". Dafür wird zunächst in der „Jesu Denken getreu wiedergebende(n) Bemerkung über die gekrümmte Frau, ‚die der Satan schon seit achtzehn Jahren gefesselt hielt' (Lk 13,16)", eine Bestätigung gesehen.

---

[17] Zwischen Kreuz (s. Anm. 15) 89, vgl. 87–89.

[18] Zuletzt im Aufsatz „Bezeugt die Logienquelle die authentische Redeweise Jesu vom ‚Menschensohn'?", jetzt in: Offenbarungsgeschehen (s. Anm. 7) 50–69.

[19] In: R. Pesch/R. Schnackenburg (Hrsg.), Jesus und der Menschensohn, Freiburg 1975, 124–147, hier 146 Anm. 119 (mit anderen Autoren).

„Als Beleg dafür darf auch die im Wirken Jesu verankerte und später explizierte Zusage an den Gelähmten gelten: ‚Deine Sünden sind dir vergeben' (Mk 2,8 par). Insofern jede Krankheit schon als Anzeichen des Todes und Schwerkranke schon als Tote galten, ist darin grundsätzlich die Verbindung zwischen Tod und Sünde angedeutet."[20] Allerdings müßte Kremer fortfahren: Zugleich deutet dieser Zuspruch der Vergebung die durch Jesus geschenkte Befreiung an. Denn er bringt diese Sündenvergebungszusage im Rahmen des Themas „Auferweckung als Errettung aus dem ewigen Tod".

Von der hier behaupteten Vollmacht, die der irdische Jesus ausgeübt haben soll, läge die Annahme nahe – die Kremer natürlich nicht äußert –, daß solche Erfahrungen mit Jesus die Jünger nach dem Karfreitag zu einer Überzeugung etwa derart gebracht hätten: Wenn Gott dem Irdischen diese Vollmacht über den Sünden-Tod gegeben hat, dann wird Gott dafür sorgen – bzw. hat er dafür gesorgt –, daß Jesus auch nach seiner Hinrichtung diese Vollmacht ausüben kann. Allerdings – solchen Überlegungen braucht so lange keine weitere Aufmerksamkeit geschenkt zu werden, wie es vom Befund der Evangelien her keine stichhaltigen Gründe für den Zuspruch der Sündenvergebung durch den irdischen Jesus gibt und weder die von Kremer behaupteten „Belege" noch gar die übrigen Wundererzählungen eine „Verknüpfung zwischen Tod und Sünde" im gewünschten Sinn zu erkennen geben.[21]

b) Von der Verknüpfung von Sünde und Tod in der Verkündigung Jesu wäre in herausragender Weise zu sprechen und von da aus die Brücke zur Gewinnung und Artikulierung des Osterglaubens leicht zu schlagen, wenn Jesus seinem Tod – wenigstens unmittelbar vor dem Karfreitag – heilsmittlerische Bedeutung beigemessen hätte. So ist neuerdings G. Lohfink von Mk 14,24 aus nachdrücklich dafür eingetreten, daß „Jesus seinen bevorstehenden Tod im Lichte von Jes 53,11f als stellvertretenden Sühnetod" gedeutet habe.

Die für Jesus bestehende Notwendigkeit zu dieser Deutung legt sich Lohfink so zurecht: „Wenn sich in Jerusalem die Repräsentanten Israels Jesus verweigern, dann schlägt *Israel* die Basileia definitiv aus. Schlägt aber Israel die Basileia aus, hat es das Heil für sich selbst und für die

---

[20] Auferstehung der Toten in bibeltheologischer Sicht, in: *R. Greshake/J. Kremer*, Resurrectio mortuorum, Darmstadt 1986, 5–161, hier 89.
[21] Vgl. meine Untersuchung „Jesus und die Sünder" (BET 3), Frankfurt/Bern 1976, vor allem 103–153; zu Mk 2,1–12 im besonderen *I. Maisch*, Die Heilung des Gelähmten (SBS 52), Stuttgart 1971.

Völker verspielt und das Erwählungshandeln Gottes ad absurdum geführt ... In dem Augenblick, da sich Israel durch die Beseitigung Jesu der Basileia definitiv verweigert, entsteht eine Situation, ... in der Mk 1,15 ... eben nicht mehr einfach wiederholt werden kann ... In dieser Situation hilft nur eine Heilssetzung Gottes, die angesichts der Verweigerung Israels von neuem unverdient und ungeschuldet Leben einräumt."[22] Hält man mit Lohfink die auf einer „stärker systematischen" Ebene angesiedelte Formulierung H. Merkleins zur Verdeutlichung daneben, die Basileia „räume selbst noch in der Situation der Vernichtung ihres Repräsentanten Leben" ein,[23] dann drängt sich erneut die Folgerung auf: Wenn Gott durch die angeblich von den Repräsentanten Israels herbeigeführte Vernichtung des Repräsentanten der Basileia den „Vielen", das heißt im Sinne Lohfinks: Israel, neues Leben einräumen müsse, dann ergebe sich daraus mit innerer Notwendigkeit, daß der Repräsentant selbst, Jesus, nicht in der Vernichtung bleibe, sondern durch Gott rehabilitiert, also aus dem Tod erweckt und in seiner Heilsmittlerrolle endgültig bestätigt werde – was ja auch vom Schluß des vierten Gottesknechtsliedes aus unterstützt wird (Jes 53,10–12, vgl. 52,13–15). Indes krankt Lohfinks Konstruktion an den gleichen Schwächen wie die seiner Vorgänger und Gewährsleute. Von den eingeschlossenen historischen und theologischen Widersprüchen sei hier nur die Repräsentantenthese herausgegriffen: Wie können Angehörige der Sadduzäer als von den Juden damals allgemein anerkannte Repräsentanten des ganzen jüdischen Volkes ausgegeben werden? Will Lohfink darüber hinaus der Überlieferung die Auffassung Jesu entnehmen, wenn er nur den Hohen Rat in Jerusalem auf seine Seite gebracht habe, dann sei sein Auftrag erfüllt, dann habe er gewonnenes Spiel?[24]
Will man Jesus irgend jemanden als Repräsentanten seines Volkes in der damaligen Zeit ansehen lassen, dann kommen doch wohl nur die von ihm berufenen „Begleiter als glaubens- und umkehrbereite Repräsentanten des mit dem Gotteswillen konfrontierten Volkes Israel" in Betracht.[25] Der grundsätzlich zutreffende Ansatz beim von Jesus bestimmten Glauben der Jünger, der angesichts seiner Hinrichtung in eine Krise gerät, muß somit nach ganz anderen Voraussetzungen fragen.

---

[22] Jesus und die Kirche, in: Handbuch der Fundamentaltheologie, 3, Freiburg 1986, 49–96, hier 87 f, vgl. 86–88.

[23] Zitiert ebd. 88.

[24] Für eine eingehende Erörterung verweise ich auf meinen Überblick über „Probleme der Abendmahlsforschung", in: ALw 24 (1982) 190–223, besonders 201–215.

[25] L. Oberlinner, Zwischen Kreuz (s. Anm. 15) 76.

3. Der Kreuzestod als Widerlegung der Basileia-Botschaft Jesu?

Verbreitet ist die Auffassung, die öffentliche Hinrichtung Jesu am Schandpfahl habe als Widerlegung seiner Gottes- und Gottesreich-Verkündigung und des darin enthaltenen Vollmachtsanspruchs zu gelten. Diese auch in den Augen der Jünger erfolgte Widerlegung habe nur von Gott her, also eben durch einen offenbarenden Impuls, überwunden werden können.

So beruft sich L. Oberlinner auf den „theologischen Charakter des Konflikts zwischen Jesus und der jüdischen Obrigkeit, die seine Hinrichtung aktiv betrieben und schließlich bei Pilatus durchgesetzt hat". Er folgt dabei offensichtlich vorbehaltlos den Auffassungen von J. Becker mit diesem Zitat: „Ist Jesus dem Judentum unerträglich wegen seiner anstößigen Gottesauslegung, dann erhofft man von seinem Tod, daß diese unerträgliche Gottesbotschaft zum Schweigen kommt. Der Tod Jesu garantiert dann die Stabilisierung desjenigen Gottesverständnisses, aufgrund dessen man Jesu Gott ablehnte."[26]

Nun beruhen ja solche Auffassungen, wie sie außer J. Becker etwa auch E. Gräßer und G. Klein pointiert vertreten, auf bestimmten Voraussetzungen und haben Konsequenzen, etwa in Richtung auf eine Auflösung der Einheit zwischen dem Gott Abrahams, Isaaks und Jakobs und dem Gott Jesu (Christi), was bei einer vorbehaltlosen Übernahme zumindest billigend in Kauf genommen wird.[27] Noch mehr überrascht die Einzelbegründung dieser in der „Voraussetzungslosigkeit der konkreten Zuwendung des Heilswillens Gottes" angeblich so anstößigen, weil unjüdischen Gottesverkündigung Jesu.

L. Oberlinner geht von der bekannten „Konsequenz dieser Voraussetzungslosigkeit" aus, daß nämlich „in der Verkündigung (und im Verhalten) Jesu auch und gerade die ‚Sünder' als die von Gott angenommenen ausgewiesen werden. Diese Ansage der Nähe, ja der Gegenwart Gottes, die einzig und allein ihren Grund hat in der ‚Initiative Gottes', führt konsequent zur Relativierung von religiösen Bestimmungen und Praktiken, die bisher das Verhältnis des Menschen zu Gott in einer allgemeingültigen Weise zu bestimmen geeignet schienen".

Dafür werden im einzelnen angeführt: „Jesu demonstrative Verletzung

---

[26] Ebd. 81.
[27] Auf diese Probleme bin ich näher eingegangen in meinem Beitrag „Israel und unsere Hoffnung" zur FS H. Kremers, „Wer Tora vermehrt, mehrt Leben", hrsg. v. E. Brocke/H.-J. Barkenings, Neukirchen-Vluyn 1986, 15–24.

der strengen Regeln der Sabbatobservanz (vgl. Mk 2,23–27; 3,1–5), seine Ablehnung der Festlegung des Gotteswillens und damit des Verhältnisses des Menschen zu Gott anhand kasuistisch deduzierter Kriterien hinsichtlich der Unterscheidung von ‚rein und unrein‘ (Mk 7,15), ja seine Geltendmachung des Willens Gottes, in welcher gerade die Berufung auf eine durch die Gesetzestradition und -auslegung sanktionierte Bestimmung als diesem Willen Gottes widersprechend abgelehnt wird (vgl. das Logion zur Ehescheidung: Mt 5,32/Lk 16,18)“.[28]

Diese von Oberlinner angeführten Beispiele tragen jedoch keineswegs die Beweislast. Die beiden Sabbatperikopen sind für den irdischen Jesus unergiebig, weil offenkundig erst nachösterlich gebildet. In Mk 2,23 ff legt die Gemeinde „die Rechtfertigung ihrer Sabbatpraxis Jesus in den Mund“.[29] Mk 3,1 ff ist in sich widersprüchlich – es liegt kein Fall von Lebensgefahr vor; der Vorwurf ist unhaltbar, daß die Pharisäer Lebensrettung am Sabbat verbieten – und wird deshalb von Mt in seiner Parallelfassung (12,9 ff) korrigiert.[30]

Rechnet man aber doch mit einem Ereignis aus dem Leben Jesu, dann ist mit L. Oberlinner für Mk 3,1–5 festzuhalten: „Auch in der Sicht der Gegner Jesu muß diese Tat nicht interpretiert werden als Außerkraftsetzung des Sabbatgebotes, sondern kann durchaus verstanden werden als Ausweitung des auch von ihnen für den Sabbat zugestandenen Rechts der Heilung auf einen Fall, der ihrer Meinung nach nicht die erforderlichen Voraussetzungen erfüllt.“[31] Wenn also „neben dieser unbestreitbaren Verletzung des religiösen Empfindens und der am Gesetz orientierten Lebensordnung seiner jüdischen Mitbürger Jesus weder das Sabbatgesetz als solches in Frage stellt, noch auch ohne Grund bzw. Begründung, etwa als bloße Provokation, diese seine Sabbatverletzungen vornimmt, sie vielmehr positiv mit dem gottgewollten Sinn dieses Tages begründet“, so muß zumindest eingeräumt werden, daß „die Sabbatverletzung als Einzelkonflikt in den Hintergrund“ rückt. Ob dann durch die Einordnung dieses Einzelkonflikts „in den Zusammenhang der Reich-Gottes-Botschaft ... die Anstößigkeit des Tuns Jesu“ in der behaupteten Tragweite

---

[28] Zwischen Kreuz (s. Anm. 15) 73.

[29] R. *Bultmann*, Die Geschichte der synoptischen Tradition, Göttingen ⁷1967, 14.

[30] Hält man Mk 3,6 für sekundär (ebd. 54), verschwinden zwar die Pharisäer, aber nicht die Schwierigkeiten, für diese Geschichte einen Sitz im Leben Jesu überzeugend anbieten zu können.

[31] Todeserwartung und Todesgewißheit Jesu (SBB 10), Stuttgart 1980, 70; diese Gegner werden gleich anschließend als „die Pharisäer“ identifiziert, obwohl Mk 3,6 als redaktionell beurteilt wird (dazu 72–79).

aufrechterhalten werden kann, indem man sie „vom ‚Ereignis' wegverlagert hin auf den dahinter stehenden Anspruch eines von Gott gedeckten und dessen Willen exemplifizierenden Wirkens"[32], darf bereits an dieser Stelle nachdrücklich bezweifelt werden.

Was Mk 7,15 betrifft, so hat L. Oberlinner wiederum selbst in bemerkenswerter Zurückhaltung von einer „kritischen Beurteilung von Gesetzen durch Jesus in einzelnen Fällen" gesprochen und dies so bekräftigt: „Von einer Ablehnung des Gesetzes kann man damit bei Jesus sicher [sic!] nicht sprechen."[33] Er behauptet auch hier „ein für jüdische Ohren skandalöses Ansinnen" in Jesu einschlußweise erhobenem „Anspruch, den Willen Gottes kraft eigener Autorität und Vollmacht auslegen zu können". Allerdings dürfte es überhaupt ausgeschlossen sein, Mk 7,15 auf Jesus zurückzuführen. Denn die Auseinandersetzungen zwischen Paulus und den anderen Judenchristen, vor allem Petrus (als Augen- und Ohrenzeuge des irdischen Jesus!), beim „Antiochenischen Zwischenfall" sind nur erklärbar, wenn ein solches Jesuswort nicht existierte.[34]

Die auch sonst geläufige Nebeneinanderstellung des Scheidungsverbots Jesu und anderer angeblicher „Gesetzesverletzungen" verschleiert die Tatsache, daß es bei Lk 16,18 nicht um Durchbrechung, Aufhebung, Erleichterung oder was auch immer dieser Art geht, sondern um eine Tora-Verschärfung. Darüber hinaus verdient die Tatsache beachtet zu werden, daß aus dem (qumran-)essenischen Bereich eben diese Verschärfung – mit derselben Schriftbegründung wie in Mk 10,6 (nämlich Gen 1,27) – bekannt ist (CD IV, 20f). Eine „Relativierung von religiösen Bestimmungen und Praktiken" läßt sich hier so wenig wie bei Jesus behaupten.

Somit bleiben die Sünder. Ihnen hat sich Jesus tatsächlich in einer auffälligen und sicher gerade auch für Fromme ärgerlichen Weise zugewandt, natürlich nicht ausschließlich und in durchaus realistischer Einstellung: „Nicht die Gesunden brauchen den Arzt, sondern die Kranken" (Mk 2,17).[35] Jesus wollte offensichtlich gerade auch solchen Juden das Heilsangebot der Gottesherrschaft nahebringen, die sich in ausweglos scheinende Schuld verstrickt hatten. Doch auch wenn Jesus ungewöhnli-

---

[32] Ebd. 162f.

[33] Ebd. 162 mit Anm. 123, vgl. 160–162.

[34] Dazu vgl. in meinem Beitrag „Die Tora bei Jesus und in der Jesusüberlieferung", in: K. Kertelge (Hrsg.), Das Gesetz im Neuen Testament (QD 108), Freiburg 1986, 71–87, vor allem 73f.81–83.85f.

[35] Zur Gesamtthematik vgl. die in Anm. 21 genannte Untersuchung, vor allem 119–248.

che Wege geht, um solche Menschen wieder zur Gemeinschaft mit Gott und ihren Mitmenschen zurückzuführen, und wenn er sich dabei auf Gott beruft, so relativiert er damit keineswegs seine wirklich ‚anspruchsvollen‘ Gebotsauslegungen – denen fromme Juden im Grunde nur zustimmen konnten.[36]

Ebensowenig stützt oder beruft sich Jesus dabei aber auf ein neues Gottesbild: Er setzt vielmehr bestimmte Akzente. Damit wird nicht bestritten, daß Jesus manchen seiner Zeitgenossen mit den Folgerungen, die er aus dem biblisch-frühjüdischen Gottesbild gezogen hat, beträchtliche Schwierigkeiten bereitet hat. Erzählungen über vergleichbare Konfliktsituationen aus der pharisäisch-rabbinischen Überlieferung[37] können dies veranschaulichen und zugleich bekräftigen, daß sich Jesu Einstellung und Verhalten innerhalb des jüdisch vertretbaren Rahmens hielten, der von der Bibel her durch Aussagen wie in Ez (etwa Kap. 18) oder Jona (besonders Kap. 4) abgesteckt ist.

L. Oberlinner hatte zwar auch früher schon eine „grundsätzliche Differenz im Gottesbild" zwischen Jesus und seinen Kritikern angenommen, woraus „eine unüberbrückbare Kluft" entstanden sei, „die seitens der engagierten jüdischen Gläubigen einen absoluten Trennungsstrich zwischen sich und Jesus zur Folge haben mußte".[38] Doch hatte er J. Beckers Behauptung, Jesu „unerträgliche Gottesbotschaft" habe durch den Tod unterdrückt werden müssen, den Einwand entgegengehalten, „daß auch das Gottesverständnis des [damaligen] Judentums keine einheitliche Größe war".[39] Außerdem: „Halten wir uns an die historisch verbürgten Tatsachen, dann hat Jesus dieses sein Tun" – sein Verhalten gegenüber Sündern – „gegenüber Kritikern nicht nur verteidigt, sondern in den Gleichnissen um ihr Verständnis dafür geworben, sie zu überzeugen versucht ... Nicht resignierende Passivität, hoffnungslose Interesselosigkeit sind Jesu Antwort auf die Kritik an seiner ‚Sünderliebe‘, sondern einladendes Werben zur vertrauensvollen Hinwendung zu diesem Gott, Aufruf zu kritischem Überdenken des eigenen, die Gnade Gottes beschneidenden und beschränkenden Standpunkts." Die daraus sich ergebende Frage, „ob Jesus sein unbezweifelbares Bemühen um die Vermitt-

---

[36] Wie *E.P. Sanders*, Jesus and Judaism, London 1985, 255 (vgl. 200–211), die Zusage der Gottesherrschaft durch Jesus an die Sünder unter seinen Anhängern von der Umkehr dieser Menschen abtrennt, ist mir unverständlich.

[37] So in bBer 10a oder bSanh 37a. Zu einschlägigen Texten der rabbinischen Literatur insgesamt vgl. „Jesus und die Sünder" (s. Anm. 21) 53–75.

[38] Todeserwartung (s. Anm. 31) 157.

[39] Ebd. 158 mit Anm. 108.

lung dieses seinem Tun zugrundeliegenden und es tragenden Gottesbildes als aussichtslos und *von vornherein* zum Scheitern verurteilt sehen mußte",[40] läßt sich eindeutig verneinen.

Nach den bisherigen Beispielen braucht es nicht zu verwundern, daß in diese Richtung bereits vorgearbeitet worden war: „Nicht die Gemeinschaft mit den Sündern an sich bildet das Ärgernis, sondern der damit verknüpfte Anspruch Jesu, hiermit den Willen Gottes transparent zu machen, im Namen und im Auftrag Gottes so zu handeln."[41] Was bleibt jedoch von solchen wiederholten Hinweisen (um nicht zu sagen: Absicherungen) auf den Anspruch Jesu, wenn abschließend formuliert wird: „Wir haben den Zusammenhang von Jesu Tod und dem seinem Wirken zugrundeliegenden Anspruch bereits bejaht unter dem Vorbehalt, daß eine solche Aussage den Rahmen einer historisch verifizierbaren Behauptung übersteigt"?[42]

L. Oberlinner hat im oben herangezogenen Aufsatz keine Argumente genannt, die einsichtig machen könnten, weshalb der eben zitierte Vorbehalt gegen eine Auffassung wie die J. Beckers hinfällig geworden wäre.[43] Das dürfte auch immer schwerer fallen, nachdem die beiden letzten Tagungen der Arbeitsgemeinschaft deutschsprachiger katholischer Neutestamentler genügend stichhaltige Gründe dafür erbracht haben, um den Gesetzesbrecher Jesus und seine Gottes- und Gottesreich-Verkündigung als Vehikel seiner Hinrichtung auf die exegetische Geisterbahn zu verbannen.[44]

Mit den Worten Chr. Burchards läßt sich das so ausdrücken: „Jesus wurde hingerichtet, weil der Jerusalemer Magistrat oder ein Teil befürchtete, er könnte Unruhen auslösen, denen die Römer nicht zusehen würden. Er starb nicht, weil sein Verhältnis zur Tora und zu Israel so war, daß toratreue Juden keine andere Wahl hatten. Er starb auch nicht durch ‚die' Juden ... Verantwortlich war die Behörde, die wiederum dem Präfekten für Ruhe in der Stadt verantwortlich war. Ohne diese Situation, in die sich Jesus freilich sehenden Auges begeben hatte, wäre er vielleicht

---

[40] Ebd. 159f; die Tendenz der Ausführungen *Oberlinners* weist hier eindeutig auf eine verneinende Antwort.

[41] Ebd. 157.

[42] Ebd. 164 – gegen J. Becker.

[43] Bezeichnenderweise unterläßt *L. Oberlinner* in „Zwischen Kreuz und Parusie" (s. Anm. 15) jeden Hinweis auf sein Buch „Todeserwartung".

[44] In dem Anm. 34 genannten Sammelband vgl. vor allem noch die Beiträge von *K. Müller* und *G. Dautzenberg*.

unbehelligt geblieben ... Todesstrafe war sogar als vorbeugende Ordnungsmaßnahme zulässig."[45]

Das Ergebnis dieses Abschnitts läßt sich demnach so wiedergeben: Der Kreuzestod kann einen in der hier erörterten Weise inhaltlich gefüllten, das heißt: einen von der für jüdische Ohren unerträglichen Basileia-Botschaft Jesu abgeleiteten Vollmachtsanspruch deshalb nicht widerlegt haben, weil sich die zugunsten solcher Auffassungen vorgebrachten Argumente jenseits des „historisch verifizierbaren" Rahmens bewegen. Von da aus stellt sich die herkömmliche Ansicht, der Kreuzestod habe sowohl für Juden damals allgemein wie für die Jünger im besonderen die Botschaft und den Anspruch Jesu radikal in Frage gestellt, in neuem Licht dar. Sie beruht nicht auf Tatsachen, sondern auf Wünschen.

4. Der Neuansatz des Osterglaubens auf der Grundlage der Basileia-Botschaft Jesu

Was läßt sich nun über das „Kontinuum" zwischen dem Glauben der Jünger, der durch Jesu Botschaft und Wirken grundgelegt war, und dem Osterglauben sagen? Beim Versuch, eine plausible Antwort zu geben, muß auch die Schwierigkeit im Auge behalten werden, wenn wir die älteste(n) Ausdrucksform(en) des Osterglaubens fassen wollen. Diese Schwierigkeit ist mit dem neutestamentlichen Überlieferungszustand gegeben.[46]

Der Verzicht auf das Vorurteil eines jüdisch unerträglichen Vollmachtsanspruchs Jesu verwehrt es nicht, die Verkündigung der nahegekommenen Gottesherrschaft an seine Person bestehen zu lassen und somit seinen heilsmittlerischen Anspruch anzuerkennen. Im einzelnen können für die (einschlußweise erhobene) Beanspruchung einer Heilsmittlerrolle angeführt werden[47]

– der Anspruch einer punktuellen Vorwegverwirklichung der Gottesherrschaft in den (Dämonenaustreibungs-)Wundern (Lk 11,20 par; vgl. Mk 3,27 par);

– der Anspruch endzeitlicher Erfüllung von Heilsverheißung (Lk 10,23f par);

---

[45] Jesus von Nazareth, in: J. Becker (Hrsg.), Die Anfänge des Christentums, Stuttgart 1987, 12–58, hier 54f.

[46] Vgl. beispielsweise *P. Hoffmann*, Art. Auferstehung Jesu Christi II/1. Neues Testament, in: TRE IV (1979) 478–513, hier 478f.

[47] Dazu vgl. *A. Vögtle* (s. Anm. 11) 43f.

– die Berufung von persönlichen Nachfolgern, denen Jesus den existen-
tiellen Nachvollzug seines zeichenhaft auf die andrängende Gottesherrschaft ausgerichteten Lebens zumutet.

Zur inhaltlichen Näherbestimmung dieses heilsmittlerischen Anspruchs
Jesu kann dann sehr wohl das aus seiner Verkündigung herangezogen
werden, was für ihn innerhalb des breiten jüdischen Spektrums als
charakteristisch zu bezeichnen ist. Hierfür kommt in erster Linie der
heilschaffende Charakter der nahe geglaubten Gottesherrschaft in Betracht, die sich bereits in dieser Weltzeit als Gabe und Verpflichtung
auswirkt. Das Heil der Gottesherrschaft will sich, biblischen Verheißungen und frühjüdischen Erwartungen entsprechend, umfassend erweisen –
sowohl im individuellen (‚leiblich-seelischen‘) als auch im sozialen Bereich, wo eben Jesu vorbehaltlose Offenheit (die) Sünder nicht bloß zur
Gemeinschaft mit Gott, sondern auch mit (den) anderen Juden zurückführen will.

Muß nun aber nicht doch auch für einen solcherart inhaltlich gefüllten
Heilsmittleranspruch der Kreuzestod als so etwas wie eine Widerlegung
gelten? Indes – für wen als Widerlegung? Für Jesus, für seine Jünger, für
Außenstehende?

Für Jesus und seine Jünger muß hier Mk 14,25 beachtet werden. In
diesem (nachösterlich stilisierten) Wort drückt Jesus seine Zuversicht aus,
am Heil der Gottesherrschaft teilzunehmen, komme was da wolle.[48] Nun
bemerkt L. Oberlinner u. a. dazu, daß „niemand den Vorschlag macht,
bereits die von Jesus gegebene Versicherung der Gültigkeit seiner Botschaft habe den Jüngern die Möglichkeit der Bewältigung seiner Hinrichtung eröffnet".[49] Wie sieht es aber aus, wenn man das Gottvertrauen Jesu
zusammennimmt mit der Zuversicht, die mit seiner Gottes- und Gottesreich-Verkündigung gegeben ist?

Bekanntlich genügt es für K. Rahner, wenn Jesus seinen Tod als „Prophe-
tenschicksal" wertete, „das für ihn seine Botschaft und darin ihn selbst
nicht desavouierte (wenn auch für ihn in unbegreiflich neuer und unvor-
hergesehener Weise erfahren ließ), sondern eingeborgen blieb in die
Absicht Gottes, die Jesus als vergebende Nähe zur Welt wußte".[50] Ein
solches Festhalten Jesu an Gott in drohender Lebensgefahr sollte die
Jünger jedenfalls vor völliger Verzweiflung, vor der Annahme eines
völligen Scheiterns Jesu zurückgehalten haben. Auch wenn sie nach seiner

---

[48] Dazu vgl. „Probleme" (s. Anm. 24) 213–215.
[49] Zwischen Kreuz (s. Anm. 15) 80.
[50] Grundkurs des Glaubens, Freiburg [12]1982, 251.

Verhaftung aus Angst um ihr eigenes Leben geflohen waren – eine „Möglichkeit der Bewältigung seiner Hinrichtung" war den Jüngern von Mk 14,25 her, wenn man das Wort im Rahmen der Verkündigung Jesu sieht, durchaus gegeben.

Hinzu kommt – das lenkt den Blick nochmals auf die Jünger, aber auch auf Außenstehende –, daß wir uns vor dem falschen Schluß hüten müssen, „daß bei den Juden jeder Gekreuzigte ein von Gott Verfluchter gewesen ist ... Daß das nicht der Fall ist, ergibt sich daraus, daß *zu viele Juden gekreuzigt worden sind*, weil sie sich für ihr Volk, den Tempel und das Gesetz eingesetzt hatten ... Zur Zeit Jesu sind wahrscheinlich mehr messianische Prätendenten gekreuzigt worden als nur Jesus von Nazareth. Wer Zelot war, mußte mit seinem Ende am Kreuz rechnen. Konnte ein Mann, der für sein Bekenntnis zu dem einen Gott sein Leben hingab, nur weil die römische Besatzungsmacht die drakonische Strafe der Kreuzigung anwandte, wegen dieser Art der Hinrichtung als ein von Gott Verfluchter angesehen werden?"[51]

Diese Überlegungen sind zwar bezüglich der Verwendung von Dtn 21,23 in Gal 3,13 angestellt. Doch sie sind entsprechend angebracht im Blick auf die Jünger und auch auf Außenstehende, seien es nun Sympathisanten Jesu oder ablehnend eingestellte Juden, in der Situation des Karfreitags: Der durch die Römer verursachte Kreuzestod mußte keineswegs als radikale Widerlegung des Heilsmittleranspruchs Jesu, seiner Sendung durch Gott, seiner Gottes- und Gottesreich-Verkündigung und damit als völlige Infragestellung der Jüngerschaft seiner Jünger wirken, so schockierend das Ereignis für sie auch gewesen sein muß.[52]

Von diesen Voraussetzungen aus läßt sich der Auffassung von I. Broer sehr viel abgewinnen, die er zunächst in die Frage kleidet: „Warum soll (und kann) man aber den Glauben an die Auferstehung Jesu über Visionen an die [damit nicht überflüssig gemachte] Glaubensentscheidung der Jünger anbinden und nicht an deren Glauben selbst, verstanden als lebendige Nachfolge der Person und Botschaft Jesu?" Sodann – für die Jünger ergab sich: „Diese Botschaft war nicht die eines Gescheiterten, sondern sie trug sogar noch im Scheitern selbst; sie war in der Lage, das Scheitern bestehen zu helfen."

---

[51] *G. Friedrich*, Die Verkündigung des Todes Jesu im Neuen Testament (BThSt 6), Neukirchen-Vluyn 1982, 124.126. *L. Oberlinner* kennt zwar diesen Vorbehalt (Zwischen Kreuz: s. Anm. 15, 83 Anm. 57), läßt ihn aber nicht zur Geltung kommen.

[52] Gegen *L. Oberlinner*, ebd. 90, der hier den Konflikt über *R. Pesch* hinaus noch zugespitzt sein lassen will.

Wie solche „Glaubenserfahrungen" dann auch immer abgelaufen sein mögen – jedenfalls gilt für sie:
– sie haben an den Irdischen „anknüpfende und interpretative Funktion";
– sie haben „keinen zwingenden Charakter", sondern können „unterschiedlich interpretiert werden".[53]

Auf diese Weise ergibt sich das „Kontinuum" zwischen Jesus und seinen Jüngern bis zum Karfreitag und dem Osterglauben. Zugleich bleibt Raum für die christologische Reflexion, entsprechend dem Satz von K. M. Fischer: „Jesus ist mit Ostern zu etwas geworden, was er vorher nicht war."[54] Oder – mit A. Vögtle gesprochen: für den „geschichtlichen Fortgang der Christusoffenbarung" nach dem Karfreitag.[55]

Allerdings spricht gegen den Verzicht auf die Annahme, die Jünger hätten allein durch einen neuen „offenbarenden Impuls" die Katastrophe des Karfreitags überwinden können, diese Überlegung: (Wie) war es den Jüngern möglich, zur Erkenntnis – und damit zum Bekenntnis – der endzeitlichen Totenerweckung eines einzelnen zu gelangen? Genügt es dazu, mit J. Kremer darauf zu verweisen, daß besonders aus der Sadduzäergeschichte Mk 12,18–27 hervorgehe, daß Jesus – oder vorsichtiger: Jünger Jesu „die zu seiner Zeit bekannte jüdische Auffassung teilte(n), gemäß der wenigstens einzelne Verstorbene schon wie Abraham, Isaak und Jakob bei Gott leibhaftig leben"?[56]

Das Problem schwächte sich ab, könnten wir von der Verkündigung der Gruppe, die hinter dem ältesten Bestand der Logienquelle anzunehmen ist, als ursprünglicher ,nachösterlicher' Verkündigung ausgehen. Denn hier handelte es sich um nach dem Karfreitag erneuerte Gottesreichpredigt, wobei christologische Implikationen gegeben sind, auch wenn das Bekenntnis zur Auferweckung Jesu nicht vorliegt.[57] Läßt sich aber diese nachösterliche Gottesreichpredigt dem Auferweckungsbekenntnis zeitlich vorordnen? Oder kann man hier nur auf unterschiedliche urchristliche Gruppen zurückgehen? Hilft es weiter, wenn man auf den Unter-

---

[53] „Der Herr ist wahrhaft auferstanden" (Lk 24,34), in: Auferstehung (s. Anm. 3) 39–62, hier 61 f.

[54] Das Ostergeschehen, Göttingen ²1980, 82.

[55] Vgl. den programmatischen Aufsatz „Die hermeneutische Relevanz des geschichtlichen Charakters der Christusoffenbarung" im Sammelband „Das Evangelium und die Evangelien", Düsseldorf 1971, 16–30.

[56] Auferstehung (s. Anm. 20) 129.

[57] Wenn für Q ursprünglich so etwas wie Propheten-Christologie anzunehmen wäre (dazu vgl. *Schürmann*, Beobachtungen, s. Anm. 19, 146 Anm. 119), bestünde ein beträchtlicher (christologischer) Spielraum.

schied zwischen dem Auferweckungs- und dem Erhöhungsbekenntnis Gewicht legt?[58] Immerhin ließe sich hier einsichtig machen, wie es von den erfahrenen Geschehnissen her zu den Bekenntnissen kommen konnte – oder theologisch gesprochen: wie Gott sich sogar der Feinde Jesu bediente.[59] Jesus war als Falschmessias hingerichtet worden – hat das dem Kephas, unter Vorgabe seiner Erfahrungen mit dem irdischen Jesus, den Anstoß zu seinem Messiasbekenntnis gegeben? Und dieses Bekenntnis – konnte, ja mußte es nicht das Bekenntnis zu dem Gott hervorrufen, „der Jesus von den Toten erweckt hat"?

---

[58] Vgl. hierzu auch die Überlegungen von *K.M. Fischer*, Ostergeschehen (s. Anm. 54) 41–44: „Was ist das Ostergeschehen?"
[59] Hier läßt sich an den fundamentaltheologischen Erklärungsversuch der „Erscheinungen" des Auferstandenen durch *A. Kolping* anknüpfen: „Wie Gott seine Wunder auch sonst mediante natura wirkt" (Fundamentaltheologie III/1, Münster 1981, 657).

„Seid stets bereit, jedem Rede und Antwort zu stehen, der nach der Hoffnung fragt, die euch erfüllt" (1 Petr 3,15)

Das leere Grab und die Erscheinungen Jesu im Lichte der historischen Kritik

von

INGO BROER

„Wir sind in der Christenheit geboren; und nach väterlicher Religion und Weise so getaufft, daß andere, statt unser, zu dem hergelesenen Glaubensbekenntniß Ja gesagt, und auf den Glauben für uns die Tauffe verlangt haben. Wir sind hernach, als Kinder, vor dem Gebrauche der Vernunft, nach einem Catechismus-Formular, zu einer Sekte im Christenthum unterwiesen, und haben in unsrer Unschuld geglaubt, daß die erlernten Artikel die seligmachende Wahrheit enthielten. Wir wurden, als Erwachsene, auch in Predigten gewarnet, der blinden verdorbenen Vernunft ja nicht zu trauen, sondern dieselbe gefangen zu nehmen unter dem Gehorsam des Glaubens. So ist das Christenthum in uns gepflantzt und mit uns aufgewachsen. Nun denken wir als verständige Menschen zurük: die Religion ist nichts erbliches, wie die Leibeigenschaft; der Taufglaube ward uns angetichtet, und war gleichsam eine gewaltsame Anwerbung zur Fahne Christi; der Catechismusglaube unserer Kindheit ist noch ein blinder Glaube gewesen; und wo dieser die Vernunft gefangen nehmen will, so besteht er aus lauter blinden Vorurtheilen. Wir sind es Gott und uns selbst schuldig, daß wir uns bey reiffen Gemüthskräften, in einer so wichtigen Sache, welche unser ewiges Wohl und Weh betrifft, mit eigener freyen Einsicht und Wahl determiniren, und was wir bisher ohne Verstand und Überlegung gefasset, mit Verstand und ohne Furcht untersuchen. Nichts von denen Fesseln, die man unserem Gemühte anlegen wollen, kann uns verbindlich machen, der Pflicht gegen Gott und uns, der gesunden Vernunft und dem Gewissen zu entsagen. Wir wollen demnach alle alten Vorurtheile bey Seite setzen, und das Christenthum, nach den vesten Regeln der Wahrheit, prüfen, um mit zuverlässiger Gewißheit überzeugt zu werden, was wir davon denken und hoffen sollen."[1] – Die Problematik, die Hermann Samuel Reimarus (1694–1768) beschreibt, ist zweifellos nicht mehr die unsere, obwohl die Aufgabe, die Reimarus als einer der ersten in ihrer ganzen Radikalität wahrgenommen hat, im Prinzip die gleiche geblieben ist und auch nichts von ihrer Schwierigkeit verloren hat – die Geheimnisse des christlichen Glaubens nämlich so zu verstehen, daß sie zu unserem übrigen Wissen wenigstens nicht in unüberbrückbarem Gegensatz stehen. Wir können und wollen uns als Christen ja kein gespaltenes Bewußtsein leisten, in dem Glaubenswelt und Lebenswelt nicht nur unverbunden nebeneinander-, sondern womöglich sogar in Spannung zueinander stehen.

---

[1] *H.S. Reimarus,* APOLOGIE oder Schutzschrift für die vernünftigen Verehrer Gottes. Im Auftrag der Joachim Jungius-Gesellschaft hg. v. G. Alexander, II, Frankfurt 1972, 11 f.

Zu den Fragen, die bei der Auseinandersetzung um das Verhältnis von Glauben und Vernunft im Vordergrund gestanden haben, gehören neben der Inkarnationsproblematik die Wunder und natürlich die Auferstehung Jesu. – Nun kann man sich als Kind der Aufklärung – und zumindest irgendwie sind das ja alle Zeitgenossen – kaum vorstellen, daß die Auferstehung Jesu nicht schon immer für die Menschen ein erhebliches Problem gewesen ist, zumal wir ja aus der Apg wissen, daß Paulus bei der Erwähnung der Auferstehung Jesu in Athen von seiten der anwesenden Griechen nur Spott hört. Aber es gilt zunächst einmal, unabhängig von unserem Erwartungshorizont den Tatbestand festzustellen.

1. Die Auferstehung Jesu in der Alten Kirche

Schaut man in die Väterliteratur, so zeigt sich, daß die Auferstehung Jesu in der Alten Kirche „auffallend im Hintergrund" bleibt.[2] Zwar wird die Auferstehung Jesu in der Alten Kirche selbstverständlich immer wieder vorausgesetzt, sie wird aber nicht zu einem im Vordergrund des Interesses oder gar der Auseinandersetzung stehenden Gegenstand. Man kann sich das z. B. daran verdeutlichen, daß sowohl einige neutestamentliche Schriften (z. B. 2 Thess und 1 Tim) als auch einige der ältesten nachneutestamentlichen Dokumente die Auferstehung Jesu überhaupt nicht erwähnen: Diese kommt in der zu Anfang des 2. Jahrhunderts verfaßten Didache ebensowenig vor wie in dem ebenfalls noch in der ersten Hälfte des 2. Jahrhunderts verfaßten 2 Clem. Der noch ältere 1 Clem[3] erwähnt zwar die Auferstehung Jesu zweimal, aber es geht ihm dabei weniger um die Auferstehung Jesu als um die Auferstehung der Toten: Die Auferstehung Jesu dient hier als Zeichen und Beweis dafür, daß die Auferstehung der Toten stattfinden wird: „Bedenken wir, Geliebte, wie der Herr uns fortwährend anzeigt, daß die künftige Auferstehung stattfinden wird, zu deren Anfang er den Herrn Jesus Christus machte, den er von den Toten auferweckte. Betrachten wir, Geliebte, die zu bestimmter Zeit eintretende Auferstehung! Tag und Nacht zeigen uns die Auferstehung an ..." (24,1–3). – Es folgen noch weitere Hinweise auf die Auferstehung der Toten. Der zweite Beleg in 1 Clem spricht von der Sicherheit für den Auftrag der Verkündigung, die die Apostel durch die Auferstehung Jesu

---

[2] Vgl. R. Staats Art. Auferstehung I 4, in: TRE IV, 467–477.
[3] Vgl. zur Datierung der erwähnten altkirchlichen Schriften Ph. Vielhauer, Geschichte der urchristlichen Literatur, Berlin u. a. 1975, §§ 36, 58, 59.

erhalten haben (1 Clem 42). – Dieses Phänomen, daß die Auferstehung Jesu in der Alten Kirche und ihrer Umwelt im Gegensatz zur Auferstehung der Toten kaum besondere Beachtung erfahren hat – aber auch die letztere wird *als solche* von der heidnisch-philosophischen Kritik am Christentum nicht angegriffen (wohl aber in einigen speziellen Aspekten, v. a. im Hinblick auf die sozialen Auswirkungen der christlichen Auferstehungslehre) –, verdient als auffällig festgehalten zu werden.[4]

Fragt man nach den Gründen dafür, so findet sich ein deutlicher Hinweis in Justins Schrift „Dialog mit dem Juden Trypho": „Wenn nämlich die Griechen von Dionysos, dem Sohne des Zeus, erzählen, er sei aus einer Verbindung mit Semele geboren worden, wenn sie von ihm berichten, er habe den Weinstock erfunden, er sei, nachdem er infolge Zerfleischung gestorben war, auferstanden und in den Himmel aufgefahren, wenn sie bei seinen Mysterien einen Esel vorführen, soll ich da nicht merken, daß der Teufel die oben erwähnte, von Moses aufgezeichnete Prophetie des Patriarchen Jakob nachgeahmt hat? Da sie ferner von Herakles behaupten, er sei gewaltig, habe die ganze Erde bereist, sei von Alkmene dem Zeus geboren und sei nach seinem Tode zum Himmel aufgefahren, soll ich da nicht wiederum an eine Nachahmung dessen denken, was die Schrift von Christus gesagt hat mit den Worten: ‚Gewaltig wie ein Riese zu laufen seine Bahn'? Wenn der Teufel von Äskulap anführt, er habe Tote erweckt und anderes Elend geheilt, soll ich nicht auch hierin eine Nachahmung dessen behaupten, was in ähnlicher Weise von Christus prophezeit worden war?" (69,2.3)[5] – Es gab in der Antike offensichtlich Geschichten, die der Geschichte Jesu nicht ganz unähnlich waren, ja, deren Ähnlichkeit nach Ansicht der damaligen Christen so weit ging, daß sie diese Geschichten nur als Nachahmung der Geschichte Jesu Christi betrachten konnten, und die so zumindest als Verständnishilfen für das, was man von Jesus erfuhr, glaubte und bekannte, gelten müssen.

2. Die Bedeutung der historischen Kritik für den Glauben an die Auferstehung Jesu

Nach dieser zugegebenermaßen verkürzten Darstellung der Rezeption der Auferstehung Jesu in der Alten Kirche ist zu fragen, ob und inwieweit

---

[4] Vgl. hierzu TRE IV, 468, dort auch der Nachweis, daß das Verfehlen der Wahrheit der Auferstehung als gefahrlos angesehen werden konnte.
[5] Nach der Übersetzung von Ph. Häuser in der BKV.

die Exegese überhaupt einen Beitrag zu der zu Anfang vorgestellten Aufgabe eines vernünftigen Glaubens – ein freilich durchaus mißverständlicher Terminus – zu leisten vermag. Es ist also nach der Bedeutung von Kenntnissen über die Entstehung des Osterglaubens für den Osterglauben selbst zu fragen. Dieser Frage liegt die Annahme voraus, daß Kenntnisse über die Entstehung des Osterglaubens bei den Jüngern unser Verständnis des Auferstehungsglaubens selbst verändern und ihm evtl. eine der heutigen Zeit entsprechende Gestalt geben können.

Diese Voraussetzung ist nicht von vornherein einsehbar, aber die Geschichte des Glaubens zeigt deutlich, daß die neuzeitliche Frage nach dem Verhältnis von Glaube und Geschichte – und die Frage nach der Entstehung des Osterglaubens ist nichts anderes als die Frage nach diesem Verhältnis, angewendet auf die Entstehung des Glaubens – das Verständnis des Glaubens erheblich verändert hat. Man kann sich das vielleicht an folgendem Beispiel deutlich machen: In der Verkündigungsgeschichte nach Lk antwortet der Engel Gabriel auf die staunende Frage Marias „Wie soll das geschehen, da ich keinen Mann erkenne?" unter anderem: „Denn für Gott ist nichts unmöglich." Welcher gläubige Christ wird diesen Satz nicht nachsprechen und bejahen wollen, wenn vielleicht auch eher zaghaft und vorsichtig als mit dem Brustton der Überzeugung. Aber im Gegensatz zum Gläubigen der vorkritischen Zeit wird der heutige Glaubende, der bewußt oder unbewußt immer schon von der historischen Kritik beeinflußt ist, sofort hinzufügen: Ob Gott auch alles tut, was er kann, steht auf einem anderen Blatt. Daß der Gläubige heute so denkt, ist u.a. ein Ergebnis der historischen Rückfrage z.B. nach den Wundern Jesu, die unser Jesusbild und unser Gottesbild durchaus verändert haben. – Dieses Beispiel zeigt deutlich, daß historisches Fragen den Glauben zumindest berühren *kann*, so daß die Frage nach der Entstehung des Osterglaubens für unser gläubiges Verstehen dessen, was wir mit Ostern meinen, von unmittelbarer Bedeutung sein kann. Dabei ist nicht ausgeschlossen, daß die Konsequenzen unserer Erkenntnis sich nicht auf Ostern beschränken, sondern sich z.B. auch auf unser Gottesbild erstrecken.

Die Entstehung des Glaubens der Jünger Jesu an seine Auferstehung wird herkömmlicherweise mit der Auffindung des leeren Grabes und den Erscheinungen verbunden. Diesen müssen wir uns deswegen jetzt zuwenden.

3. Hat die Urgemeinde das Grab Jesu leer gefunden?[6]

Die Beantwortung dieser Frage kann offenbar nur so geschehen, daß die vorhandenen Berichte von der Auffindung des leeren Grabes anhand geeigneter Kriterien daraufhin hinterfragt werden, ob sie eine positive Beantwortung dieser Frage zulassen. Ein solches von der Geschichtswissenschaft entwickeltes Kriterium schränkt das Arbeitsfeld für die Beantwortung dieser Frage von vornherein erheblich ein und erleichtert so unsere Aufgabe. Es lautet etwa: Die Frage nach den zugrundeliegenden Fakten muß bei voneinander abhängigen Berichten an das älteste Zeugnis, an die älteste Quelle, gestellt werden. Das bedeutet angesichts der Abhängigkeit des Mt- und Lk-Evangeliums vom Mk-Evangelium einerseits und des theologisch äußerst entwickelten Stadiums des Joh-Evangeliums andererseits, daß wir unsere Frage allein an die Tradition von der Auffindung des leeren Grabes durch die Frauen nach Mk richten können.

---

[6] Zu Mk 16,1–8 vgl. aus der Überfülle der Literatur außer den Kommentaren: *A. Lindemann*, Die Osterbotschaft des Markus, in: NTS 26 (1979/80) 298–317; *H. Paulsen*, Mk XVI 1–8, in: NT 22 (1980) 138–175; *L. Oberlinner*, Die Verkündigung der Auferweckung Jesu im geöffneten und leeren Grab, in: ZNW 73 (1982) 159–182; *I. Broer*, Zur heutigen Diskussion der Grabesgeschichte (Mk 16,1–8), in: BuL 10 (1969) 40–52. Es ist nicht Absicht der folgenden Ausführungen, Mk 16,1–8 als Text des *Mk-Evangeliums* auszulegen. Deswegen spielen Fragen der Redaktionskritik hier kaum eine Rolle. Vgl. dazu meinen o.g. Beitrag. Die methodische Unsicherheit der Redaktionskritik bzw. die Unsicherheit ihrer Ergebnisse ist von *C. Breytenbach*, Nachfolge und Zukunftserwartung nach Markus. Eine methodenkritische Studie (AThANT 71) Zürich 1984 gut herausgearbeitet worden. So sehr jedem Exegeten Methodenkritik immer am Herzen liegen muß, so wenig vermag ich in der Aufnahme der Ansätze aus der neueren Literaturwissenschaft bei B. schon überall „intersubjektiv nachvollziehbare Ergebnisse" (ebenda 13) zu erkennen – ich bin B., dessen Buch ich erst 1988 studieren konnte, für diese Formulierung ausgesprochen dankbar, nachdem mehrere Rezensenten an meinen Ausführungen über notwendige Intersubjektivität exegetischer Forschung zu Anfang meines Seligpreisungsbuches Anstoß genommen haben). Die Ausführungen B.s zur Redaktionalität einzelner Verse oder Versteile in Mk 4 und 8 (ebenda . S. 186f. 200) sind angesichts der komplexen Argumentation im methodenkritischen Teil äußerst überraschend und m.E. kaum ohne weiteres intersubjektiv vermittelbar, da schon die einfache Überlegung, daß die eine Stelle von der anderen bedingt sein könnte (also zumindest eine davon schon der Tradition des Mk angehörte), nicht angestellt wird. Und wer sagt denn, daß sich alle Stellen vom Jüngerunverständnis mk Redaktion verdanken müssen – kann Mk dieses Motiv nicht einmal oder sogar mehrfach in seiner Tradition vorgefunden haben und es, dadurch veranlaßt, in Anlehnung an dieses von der Tradition vorgegebene Sprachmuster ausgeweitet haben? Auch nach B.s Ausführungen zu Mk 8,14–21 scheint mir Mk 8,15 ein Fremdkörper in der

3.1. Die markinische Tradition vom leeren Grab (Mk 16,1–8)

3.1.1. Unterschiedliche Vorstellungen über die Vollständigkeit des Begräbnisses Jesu im Markus-Evangelium

Nach dieser Erzählung kaufen die drei namentlich genannten Frauen noch am Sabbatabend Gewürzstoffe oder Salben, um am nächsten Morgen den Leichnam Jesu zu salben. Was auch immer mit dieser Absicht der Frauen gemeint war, diese Absicht deutet ebenso wie die Abschlußbemerkung bei der Geschichte von der Salbung Jesu durch eine Frau im Hause Simons des Aussätzigen (Mk 14,3–9) daraufhin, daß es bei Jesu Begräbnis an einer Salbung gemangelt hat, an der es nicht hätte mangeln sollen. Denn in der Salbungsgeschichte sagt Jesus zu den sich über diese Verschwendung erregenden Jüngern: „Sie hat getan, was sie konnte. Sie hat im voraus meinen Leib für das Begräbnis gesalbt" (Mk 14,8). Auffälligerweise hat die der Geschichte von der Auffindung des leeren Grabes unmittelbar vorangehende Geschichte vom Begräbnis Jesu durch Joseph von Arimatäa von einem solchen Mangel nichts erwähnt – im Gegenteil, hier erscheint das Begräbnis Jesu eher als vollständiges, zumal ja noch Zeit bleibt, die für das Begräbnis nötige Leinwand zu besorgen. Innerhalb der einzelnen Perikopen des Mk-Evangeliums scheinen also teilweise unterschiedliche Vorstellungen über den (vollständigen) Charakter des Begräbnisses Jesu vorzuliegen.

3.1.2. Mk 16,1–8 als Erzählung und seine Botschaft

Am nächsten Morgen brechen die Frauen in aller Herrgottsfrühe auf ... – allerdings fällt ihnen erst unterwegs ein, daß sie die Absicht ihres Ganges gar nicht erfüllen können, da ein für sie offensichtlich viel zu schwerer Stein den Eintritt in das Grab verhindert. Aber indem den Frauen dieses Hindernis einfällt, ist es für Überlegungen auf Abhilfe offensichtlich schon zu spät, denn die Frauen finden das Grab, das ihnen gerade noch als

---

Perikope zu bleiben, der umso unverständlicher wird, wenn Mk den übrigen Abschnitt selbst ganz generiert hat, zumal wenn der von B. herausgearbeitete Skopus des *Jünger*unverständnisses zutrifft. Und ist eigentlich ein- für allemal ausgemacht, daß das Jüngerunverständnis keinen Anlaß und keine Funktion für die konkrete Gemeinde des Mk gehabt hat? (zu S. 198) – Diese Bemerkungen sollen den Wert der Überlegungen B.s keineswegs schmälern, sondern sie gerade ernst nehmen. Es wäre m. E. darüber hinaus auch noch einmal – trotz der von mir unbedingt bejahten (freilich kritischen) Rezeption der Entwicklungen in der Literaturwissenschaft – zu fragen, inwieweit die Ergebnisse B.s unter 7.1 nicht auch mit Hilfe der herkömmlichen exegetischen Methoden erreichbar wären.

unmöglich zu öffnendes vor Augen stand, in der Realität bereits geöffnet und stoßen darin auf einen Engel, der ihnen die Auferstehung Jesu verkündet: „Ihr sucht Jesus von Nazaret, den Gekreuzigten. Er ist auferstanden, er ist nicht hier. Seht, da ist die Stelle, wo man ihn hingelegt hatte. Nun aber geht und sagt seinen Jüngern und dem Petrus[7]: Er geht euch voraus nach Galiläa, dort werdet ihr ihn sehen, wie er es euch gesagt hat" (Mk 16,6f). Die Perikope endet dann mit der erstaunlichen Bemerkung, daß diese Botschaft des Engels, die bei den trauernden Frauen eigentlich doch große Freude hätte auslösen müssen, bei den Frauen statt dessen nur Furcht und Entsetzen auslöst und sie vom Grabe (und von dem Engel) fliehen läßt. Aber damit nicht genug – die Furcht der Frauen ist so groß, daß sie auch dem Engelbefehl nicht gehorchen und die Kunde von Jesu Auferweckung sowie die Weisung der Jünger nach Galiläa für sich behalten.

Einmal davon abgesehen, daß wir es hier mit Ausnahme des auffälligen Ungehorsams der Frauen mit einer runden und schönen Geschichte zu tun haben, so sind doch einige Auffälligkeiten zu erkennen. Der Zutritt zum Grabe wird den Frauen nur durch ein Wunder ermöglicht. Dieses Wunder wird durch den Dialog der Frauen unterwegs vorbereitet, oder besser: der Leser der Geschichte wird durch den Dialog der Frauen auf das Wunder vorbereitet. – Man kann fragen, ob hinter der Frage der Frauen, wer ihnen den Stein vom Grabe wegwälzen werde, und dem darin angedeuteten Unvermögen der Frauen, den Stein zu bewegen und sich so Zugang zum Grabe Jesu zu verschaffen, nicht schon die Absicht steht, bestimmte Gerüchte vom Leichendiebstahl, wie sie bei Mt eine Rolle spielen, abzuwehren – sehr wahrscheinlich sind solche Überlegungen aber nicht. Das Türöffnungswunder dürfte eher die Einleitung oder Vorbereitung für das vom Engel verkündigte Geschehen sein.[8] – Das Wort des Engels ist bewußt wörtlich angeführt worden, nicht nur weil es den Höhepunkt der Perikope bildet, sondern auch weil an dieser Botschaft sozusagen jedes Wort von Bedeutung ist.

Auffällig ist ja schon, daß eine eigene Feststellung des leeren Grabes durch die Frauen vom Engel zwar angeboten, vom Erzähler aber nicht erwähnt

---

[7] Warum die Einheitsübersetzung hier „vor allem" einfügt ist nicht ersichtlich und hat im Text keinen Anhalt.

[8] Dies ist v. a. aus der Formulierung in V. 3 zu schließen. Es wird ja auffälligerweise nicht etwa erzählt, daß die Frauen vergessen haben, einen Mann mitzunehmen, der ihnen das Grab öffnen kann, oder daß sie überlegen, ob eine von ihnen zurückgehen und Hilfe holen soll, sondern es heißt: *Wer* könnte uns den Stein ... wegwälzen?"

wird. Der Erzähler bietet die Geschichte so, daß die Frauen in ihrer (stilgemäßen) Verwirrung nur Aufmerksamkeit für den Engel und dessen Botschaft haben – für diese Botschaft allerdings sind sie ganz da. D. h. die Frauen erkennen nicht aufgrund eigener Wahrnehmung das leere Grab und schließen daraus auf die Auferstehung des gekreuzigten Jesus, sondern der Engel verkündet ihnen die Auferstehung und das Fehlen des Leichnams, den die Frauen suchen. Das bedeutet, daß die Kenntnis der Auferstehung Jesu nach unserer Perikope kein Rückschluß aus dem leeren Grabe und damit auch keine menschliche Erkenntnis wie jede andere ist, sondern daß nach der Vorstellung unserer Erzählung die Auferstehung den Frauen vom Engel zugesagt werden muß und deswegen als Offenbarungswahrheit verstanden ist. Von daher erscheint es äußerst problematisch, hier mit Hilfe eines Subtraktionsverfahrens Exegese zu betreiben,[9] etwa in dem Sinne: leeres Grab ja, Engelerscheinung aber nein. Es ist sehr die Frage, ob man bei einem solchen Verfahren die Geschichte nicht um ihr Eigenes und Eigentliches verkürzt.

Schwieriger ist die Frage nach dem Grund der Weisung des Engels nach Galiläa. Man kann nicht gut annehmen, diese Weisung nach Galiläa wolle die Flucht der Jünger vor oder nach der Kreuzigung nach Galiläa vertuschen, da die Weisung des Engels an die Frauen im Grabe die Jünger und Petrus am Ostermorgen in Jerusalem voraussetzt. Immer noch am wahrscheinlichsten scheint mir die These zu sein, daß die Erscheinungen und die durch sie forcierte Sammlung der Jünger in Galiläa stattfanden und daß wir in der Engelweisung nach Galiläa einen Reflex davon vor uns haben.[10]

Auch der offensichtliche Ungehorsam der Frauen gegenüber dem Engelbefehl ist schwierig zu erklären. Am wahrscheinlichsten scheint mir noch immer die Lösung zu sein, die diesen Ungehorsam mit einem anderen, innerhalb des Mk-Evangeliums häufiger begegnenden Ungehorsam zusammen sieht und ihn von diesem aus erklärt. Bei Mk begegnen häufiger am Ende von Wundergeschichten sog. Schweigebefehle, wo Jesus dem Geheilten oder den bei der Heilung/dem Wunder Anwesenden befiehlt, das ihm/ihnen Widerfahrene nicht weiterzuerzählen, und wo der Geheilte dann anschließend meist nichts Besseres und Eiligeres zu tun hat, als in

---

[9] Vgl. dazu *R. Pesch,* Das Markusevangelium 2. Teil (HThK II/2) Freiburg u. a. [4]1984, 537.

[10] So z. B. *E. Schweizer,* Das Evangelium nach Markus (NTD 1) Göttingen [16]1983, 213.

aller Welt herauszuposaunen, was ihm durch Jesus widerfahren ist.[11] Sollen diese Schweigebefehle und ihre Durchbrechung in den markinischen Wundergeschichten deutlich machen, daß der Gottessohn einfach nicht verborgen bleiben kann, so dürfte Mk eine ähnliche Aussage auch mit dem Schweigen der Frauen verbunden haben. Obwohl diese dem Engelbefehl in menschlicher Unzulänglichkeit ungehorsam sind, konnte die ihnen anvertraute Botschaft, daß Jesus nicht im Grabe geblieben, sondern auferstanden ist, nicht verborgen bleiben, sie ist vielmehr trotz des befehlswidrigen Schweigens der Frauen bekannt geworden, wovon die Perikope selbst Zeugnis ist. Indem aber diese Geschichte trotz des Schweigens der Frauen im Evangelium steht, wird deutlich, daß Gott seinen Willen auch gegen menschliche Unzulänglichkeit durchsetzt und letztlich auch hinter dem Evangelium steht.

3.2. Mk 16,1–8 und die historische Kritik

Auf die Problematik eines historischen Subtraktionsverfahrens wurde bereits hingewiesen. Im Mittelpunkt der Erzählung steht ein Engel mit seiner Botschaft – Engel aber sind in der historischen Kritik nun einmal

---

[11] Vgl. Mk 1,40ff; 5,21–24.35–43; 7,31–37; 8,22–26; 9,2–9. – Zum Messiasgeheimnis bei Mk vgl. außer den Exkursen in den Kommentaren *H. Räisänen*, Das ‚Messiasgeheimnis' im Markusevangelium, Helsinki 1976. Nach *A. Lindemann*, Die Osterbotschaft (s. Anm. 6) hat Mk „durch seine Redaktion" deutlich gemacht, „daß für ihn das Gewicht (sc. in der Perikope von der Auffindung des leeren Grabes durch die Frauen) nicht primär auf der Auferstehungsverkündigung liegt, sondern auf dem mit dieser verbundenen Wort vom Leiden" (311). So sehr der Hinweis auf das redaktionell von Mk in seinem Evangelium betonte Leiden zutrifft, so sehr ist die Frage – zumal angesichts einer gegen Null tendierenden redaktionellen Bearbeitung von Mk 16,1–8 durch den zweiten Evangelisten bei Lindemann –, ob Mk sich auf die Erzählung vom leeren Grabe beschränkt, weil eine Erzählung von einer Erscheinung des Auferstandenen „von Jesu Auferwekung aus einer gleichsam objektiv geschehenen Tatsache berichtet hätte" (314). Und ist folgende Reflexion dem Mk wirklich zuzutrauen: „Dadurch, daß die Frauen – und die Leser – von Jesu Auferweckung allein durch das Wort des νεανίσκος erfahren, macht Markus klar, daß diese Auferweckung keinesfalls Gegenstand eines Tatsachenberichts ist, sondern Gegenstand, besser: Inhalt der auf Glauben angewiesenen Verkündigung"? (314)
Freilich, diese und andere Interpretationen von Mk 16,8 – meine eigenen durchaus eingeschlossen – haben ihren Grund in dem schwierigen, weil nicht eindeutigen Textbefund des Mk.

nicht vorgesehen.[12] Die Subtraktionsmethode steht so in der Gefahr, die Perikope mit der Engelbotschaft um ihre eigentliche Aussage zu bringen. Allerdings kann man bei weitem nicht allen Exegeten, die an der Historizität des leeren Grabes festhalten – und das sind eine ganze Reihe![13] –, vorwerfen, sie würden sich der Subtraktionsmethode bedienen und deswegen schon sei ihr Ergebnis methodisch fehlerhaft, da für ihre Verteidigung des leeren Grabes häufig weniger die markinische Tradition als allgemeine Erwägungen ausschlaggebend sind.[14] Läßt man aber einmal probeweise die Subtraktionsmethode zu und fragt, ob denn die Perikope Mk 16,1–8 Anspruch auf Historizität erheben kann, wenn man den Engel als Interpretationsmittel ansieht, so läßt auch die dann verbleibende Rumpfgeschichte nicht ohne weiteres den Rückschluß auf einen historischen Gang von Frauen am Ostermorgen zum Grabe Jesu, das sich dann als geöffnet und leer erweist, zu, denn die Geschichte ist, so wie sie erzählt wird, nach Gesichtspunkten des erzählerischen Ablaufs gestaltet, die, wenn man sie historisch hinterfragt, unglaubwürdig sind, oder vorsichtiger ausgedrückt, erheblichen Bedenken unterliegen. – Frauen, die mit Ablauf des Sabbats alles Notwendige besorgen, um am nächsten Morgen so früh wie möglich am Leichnam des Verstorbenen bestimmte, bei seinem Begräbnis an sich nötige, aber (z.B. aus Zeitmangel) unterlassene Verrichtungen vorzunehmen, vergessen kaum, daß sie das, was sie ausrichten wollen, gar nicht ausführen können, weil der Rollstein von ihnen nicht zu bewegen ist.[15] Widerspricht schon dieser Erzählzug einem historischen Bericht, so auch das von der Erzählung genannte Motiv für den Gang zum Grabe – die Salbungsabsicht. Da die Problematik dieser

---

[12] Grundlegend zur historischen Kritik immer noch *E. Troeltsch*, Über historische und dogmatische Methode in der Theologie, in: ders., Gesammelte Schriften II, Tübingen 1913, 729–753. Aus der neueren Diskussion vgl. etwa Funkkolleg Geschichte Band 1 (Fischer TB) Frankfurt 1981; *P. Ricoeur*, Zufall und Vernunft in der Geschichte, Tübingen 1986; *H. White*, Auch Klio dichtet oder Die Fiktion des Faktischen, Stuttgart 1986. Vgl. zum Problemfeld insgesamt auch *H.R. Seeliger*, Kirchengeschichte – Geschichtstheologie – Geschichtswissenschaft. Analysen zur Wissenschaftstheorie der katholischen Kirchengeschichtsschreibung, Düsseldorf 1981, passim, bes. III.
[13] Vgl. die Liste bei *A. Vögtle/R. Pesch*, Wie kam es zum Osterglauben?, Düsseldorf 1975, 85 Anm. 21, die sich fast beliebig verlängern ließe.
[14] Vgl. dazu unten 3.3.
[15] Aber an diesem Argument läßt sich natürlich schön die Tatsache erläutern, daß alle historische Rückfrage immer nur Wahrscheinlichkeitsurteile liefert, denn so plausibel dieses Argument auch ist, wer kennt nicht ein Gegenbeispiel? Vgl. nur den vergessenen Reisepaß auf dem Flughafen!

Absicht allgemein anerkannt ist, brauche ich darauf nicht näher einzugehen und nenne nur zwei Erklärungen für die Absicht der Frauen: Die
einfachste Annahme in der neutestamentlichen Exegese ist immer, daß
man einen schwierigen Zug als sekundär eingetragen deklariert – warum
sollte aber jemand etwas so Törichtes nachträglich eintragen? Eine andere
Deutung gibt J. Gnilka in seinem Mk-Kommentar: „Der Erzähler deutet
vermutlich an, daß die Absicht der Frauen ist, etwas für die Erhaltung des
Leichnams zu tun. Ihr Tun erscheint von vornherein als töricht."[16] Hier
wird das Salbungsmotiv also nicht mehr als historisches Faktum, sondern
als literarisches Mittel für eine ganz bestimmte Erzählabsicht verstanden.
Nimmt man – z.B. durch dieses Verständnis der Salbungsabsicht ermutigt
– Mk 16,1–8 nun einmal als Erzählung, läßt also wenigstens versuchsweise einmal davon ab, unseren Text als historischen Bericht zu verstehen, so
paßt plötzlich alles zusammen, und die Schwierigkeiten, die sich auf der
historischen Ebene ergaben, sind nicht nur beseitigt, sondern auch die auf
der historischen Ebene schwierigen Erzählzüge geben plötzlich einen
guten Sinn. Der Erzähler spricht von einer Salbungsabsicht der Frauen,
um von Anfang an deutlich zu machen, daß die Frauen nicht etwa nur
beim Grabe weinen, sondern in das Grab Jesu hineingehen wollen. Diese
Absicht – also das Grab zu betreten – ist erzählerisch notwendig, wenn
die Frauen unterwegs über das Steinhindernis sprechen sollen – der Stein
stellt nur dann ein Hindernis dar, wenn die Frauen nicht nur *zum* Grab,
sondern *in das Grab* wollen.[17] Aus welchem Interesse aber will der

---

[16] *J. Gnilka*, Das Evangelium nach Markus II (EKK II/2) Zürich u.a. [2]1986, 340.
Vgl. auch, daß die Salbungsabsicht anschließend nicht mehr erwähnt wird!
Nachdem sie ihre Funktion, den Gang *ans* Grab als Gang *ins* Grab zu verdeutli-
chen, erfüllt hat, interessiert sie nicht mehr.

[17] Allerdings bleibt hier zugegebenermaßen manche Verständnisschwierigkeit. Auf
der einen Seite meinen einige Exegeten, die Salbungsabsicht sei nötig, um den
Gang der Frauen zum Grab überhaupt zu motivieren (so z.B. *von Campenhau-
sen*, Der Ablauf der Osterereignisse und das leere Grab [SAH phil.hist. 1952/4.]
Heidelberg [3]1966, 25), auf der anderen Seite geht *S. Krauss* so weit, daß er einen
Gang (oder mehrere) zum Grabe *mit Öffnen desselben* und Betreten der
Grabkammer innerhalb von drei Tagen nach der Beerdigung offensichtlich für
das Normale hält: „Auf den Tod hat gleich die Beerdigung (...) zu folgen.' ...
Dieses Vorgehen scheint allerdings die Rettung eines Scheintoten unmöglich zu
machen; dafür aber bestand die Sitte, den Toten in den zimmerartigen Höhlen-
gräbern drei Tage hindurch zu besuchen und zu bewachen, wodurch ein
Scheintod unbedingt entdeckt werden mußte; tatsächlich traf es sich, daß einer
hernach noch 25 Jahre lebte ..." (Talmudische Archäologie II, Neudruck
Hildesheim 1966, 62.) *A. Lindemann*, Die Osterbotschaft (s. Anm. 6) 303
verdunkelt m. E. die Probleme: „Da der Erzähler – wahrscheinlich aus apologe-

Erzähler, daß die Frauen über den Stein sprechen? Offensichtlich – die Frage der Frauen „Wer könnte ..." in V. 3 löst eine Spannung aus, die auf den Engel zielt – ist dieses Gespräch zwischen den Frauen dazu erzählt, um den Hörer und Leser auf das Wunder am Grabe hinzuführen und ihn so auf das vom Engel zu verkündigende größere Wunder, die Auferstehung Jesu, vorzubereiten.

Die Schwierigkeiten des Verständnisses auf der historischen Ebene einerseits und die dargestellte erzählerische Rundung andererseits ergeben zusammen genommen eine hohe Plausibilität für die Annahme, daß wir es in Mk 16,1–8 eher mit Verkündigung der Auferstehung Jesu als mit einem historischen Bericht zu tun haben, worauf ja auch schon das Vorliegen des Messiasgeheimnisses in Mk 16,7f (vgl. oben 3.1. Ende) hinwies. – Läßt so die älteste Quelle eine positive Antwort auf die historische Rückfrage nicht zu, nehmen aber gleichwohl, wie erwähnt, die meisten Exegeten das leere Grab Jesu als historisches Faktum an, so ist nach deren Gründen zu fragen.

3.3. Für die Historizität des leeren Grabes angeführte Gründe und ihre Kritik

J. Kremer hat in einer seiner letzten Publikationen zum Thema die seit langem vorgetragenen Hauptgründe noch einmal kurz und präzise angeführt: 1) Es ist „schwer vorstellbar, daß in Jerusalem die Auferstehung Jesu verkündet wurde, ohne an das offensichtlich bekannte Grab Jesu zu

---

tischen Gründen – ein Interesse daran hat, daß die Frauen zum frühestmöglichen Zeitpunkt nach Beendigung der Sabbatruhe an das Grab kommen, muß er für ihren Besuch ein einigermaßen einleuchtendes Motiv nennen; und hier bietet sich im Grunde nur die Absicht an, den Toten unmittelbar nach Sonnenaufgang, d.h. so früh wie möglich, salben zu wollen. Der gegen die Logik der Erzählung vorgebrachte Einwand, ein solches Verhalten sei am dritten Tag nach der Grablegung schon aus klimatischen Gründen widersinnig, übersieht, daß es dem Erzähler ja allein auf dieses eine Ziel ankam." Wie verträgt sich aber der letzte Satz mit dem „einigermaßen einleuchtenden Motiv" des vorangehenden? – Im übrigen wären wohl auch eine Reihe von Belegen aus der paganen Antike noch näher zu prüfen, da dort sowohl das Motiv der Rettung von Scheintoten als auch das des Grabesraubes weit verbreitet gewesen zu sein scheint. Vgl. dazu vorläufig nur Chariton von Aphrodisias, Kallirhoe (Das Motiv des schwierigen Zugangs zum Grab findet sich in 1,7,6 [Maurerwerkzeug], das Leersein des Grabes wird ausführlich konstatiert (3,3,1–4), das Motiv des Suchens liegt in 3,3,3.7 vor); Xenophon von Ephesus, Ephesiaka III, 8,1ff; 9,7f. Griech. Text der erstgenannten Stelle leicht zugänglich bei *R. Pesch,* Mk II (s. Anm. 9) 525.

denken. Wäre bekannt gewesen, daß es nicht leer war, hätte sich die Osterbotschaft kaum längere Zeit halten können".[18] 2) Die jüdischen Gegner der jungen Christen haben das Leersein des Grabes auch nicht bestritten. 3) Der Gang von Frauen zum Grabe war üblich. „Außerdem dürfte die Urkirche kaum von sich aus eine Entdeckung des geöffneten, leeren Grabes durch Frauen erzählt haben, da dies (sc. aufgrund der Zeugnisunfähigkeit von Frauen bei den damaligen Juden) nicht gerade zur Glaubwürdigkeit der Botschaft beitrug" (vgl. Lk 24,11).

Dazu läßt sich folgendes feststellen: Selbstverständlich implizierte für die Juden damals Auferstehung die Auferstehung des Leibes, also das Leersein des Grabes – nicht umsonst ist in Mk 16,6 Auferweckung und Leersein des Grabes identisch. Hätte man also Jesu Leichnam in Jerusalem vorzeigen können, so darf man wohl zu Recht annehmen, daß sich die Botschaft von seiner Auferstehung in Jerusalem kaum hätte aufrechterhalten lassen, d.h. sie wäre nicht nur den Einwohnern von Jerusalem nicht vermittelbar gewesen, sondern auch die Jünger hätten nach allem, was wir über die jüdische Anthropologie zur Zeit Jesu wissen, kaum an die Auferstehung Jesu glauben können, wenn gleichzeitig der Leichnam Jesu in seinem Grab gezeigt werden konnte. Aber unsere Kenntnisse über die Situation der Jünger vor und nach der Auferstehung Jesu erlauben hier kein präzises Bild. Wir wissen z. B. nicht, wann die Jünger, wenn sie, wie meist angenommen, vor/bei der Kreuzigung nach Galiläa, d.h. nach Hause, geflohen sind, nach Jerusalem zurückgekommen sind,[19] welche Verhältnisse sie dort vorfanden, wann sie dort mit der Verkündigung der Auferstehung Jesu begannen usw.[20] Auch ist die Tradition von der

---

[18] *J. Kremer*, Die Auferstehung Jesu Christi, in: Handbuch der Fundamentaltheologie, Band 2, Freiburg u.a. 1985, 175–196, 188.

[19] Ob man mit einer Rückkehr schon zum jüdischen Wochenfest rechnen kann, scheint mir doch immerhin nicht so sicher zu sein, wie häufig angenommen wird, vgl. aber *R. Pesch*, Zur Entstehung des Glaubens an die Auferstehung, in: ThQ 153 (1973) 201–228, 207.

[20] Vgl. z. B. auch die Bemerkung von *R. Pesch*, Zur Entstehung (s. Anm. 19) 207: „Wir haben uns ... zu vergegenwärtigen, daß die Urgemeinde zunächst eine kleine Gruppe – eher mit weniger Mitgliedern als die den Apg 1,15 angegebenen 120 Personen – in einer Stadt von ,rund 25000 bis 30000 Einwohnern war'. Eine ‚öffentliche' Kontrolle des Glaubens und der Verkündigung dieser Gruppe darf kaum apologetisch zur Verteidigung der Historizität des ‚leeren Grabes' angesetzt werden, zumal wir nicht davon ausgehen müssen, daß die bloße Verkündigung der Auferstehung Jesu im Zentrum der Missionspredigt der Gruppe stand, vielmehr annehmen können, daß die Parusieerwartung des zum Menschensohn erhöhten Jesus Denken, Leben und Mission der Urgemeinde bestimmten." –

Grablegung Jesu durch Josef von Arimatäa nicht über jeden berechtigten Zweifel erhaben.[21] Schließlich muß auch darauf hingewiesen werden, daß das gesamte vormarkinische Schrifttum des Neuen Testaments keine Kenntnis vom Leersein des Grabes Jesu verrät und für Paulus gilt: „Aus den Ausführungen über die Auferstehungsleiblichkeit der gestorbenen Christen in 1 Kor 15 läßt sich bekanntlich nicht einmal beweisen, daß die Auferweckung Jesu für den Glauben des Apostels die Aufhebung des Leichnams Jesu voraussetzt."[22] – Gegen die Argumentation mit den jüdischen Gegnern der Urchristen hat A. Vögtle vorgetragen: „Diese Auskunft wäre einleuchtend, wenn man bei ihr stehenbleiben könnte. Sie drängt aber doch notwendig zur Frage, *warum sich die gegensätzlichen Antworten dann nicht auch in der älteren Osterverkündigung widerspiegeln.*"[23] Vögtle spielt damit darauf an, daß die Nichtbestreitung des leeren Grabes durch die Juden nur einer späten Überlieferung bei Mt entnommen werden kann.[24] Was schließlich die Frage angeht, warum ausgerech-

---

Leider läßt sich nicht mehr mit Gewißheit feststellen, ob Mk 6,14–16 eine verbreitete Tradition war. Wäre dies der Fall gewesen und hätte die Aussage von der Auferstehung des Johannes womöglich im Kreise der Johannesjünger ihren Ursprung, dann hätte in dieser die in Mk 6,14–16 vorliegende Identifikation mit Jesus ja schwerlich vorgelegen, und so hätten wir hier ein ganz entscheidendes Argument gegen die in Frage stehende These, es sei denn, man wolle auch bei Johannes dem Täufer mit einem – wie auch immer zu erklärenden – leeren Grab rechnen. Vgl. dazu *R. Pesch,* Das Markusevangelium 1. Teil (HThK II/1) Freiburg u.a. ⁴1984, 332ff („alte, historisch glaubwürdige Tradition"; ganz anders allerdings *D. Lührmann* in seinem neuen Kommentar: Das Markusevangelium [HNT 3] Tübingen 1987, 113 „auf Markus selber zurückzuführen") und *ders.,* Zur Entstehung (s. Anm. 19) 208. *J. Gnilka,* Das Evangelium nach Markus (Mk 1 – 8,26) (EKK II/1) Zürich u.a. ²1986, 248 macht allerdings zu Recht darauf aufmerksam, daß hier eine sozusagen normale, jedenfalls nicht eschatologische Totenauferstehung vorausgesetzt wird, da Jesus ja mit dem auferstandenen Johannes identifiziert wird. Wenn und insofern auch in der evtl. vorauszusetzenden Tradition (die dann allerdings kaum aus Kreisen der Täuferjünger stammen dürfte) Jesus als der auferstandene Johannes gedacht wurde – und eine andere Tradition haben wir nicht –, stellte sich die Frage nach dessen leerem Grab allerdings angesichts der Identität zwischen Jesus und dem Täufer nicht.

[21] Vgl. dazu meine Arbeit: Die Urgemeinde und das Grab Jesu (StANT 31) München 1972; *R. Pesch,* Zur Entstehung (s. Anm. 19) 206.

[22] So *A. Vögtle,* in: ders./R. Pesch, Wie kam es (s. Anm. 13) 87.

[23] S. ebda. 87f, Hervorhebung bei A.V.

[24] Vgl. zu der Tradition von den Grabeswächtern meine in Anm. 21 genannte Arbeit (S. 60–78) sowie *R. Kratz,* Auferweckung als Befreiung (SBS 65) Stuttgart 1973, 57ff.

net nach jüdischem Recht nicht zeugnisfähige Frauen zum Grabe Jesu gehen, so können die Gründe dafür so vielfältig sein, daß eine Argumentation für das leere Grab daraus kaum abgeleitet werden kann. Ich nenne nur zwei: Der Gang von Frauen zum Grab eines Verstorbenen innerhalb von drei Tagen nach Tod und Bestattung (die in der Regel am Todestage erfolgte) war zur damaligen Zeit geradezu das Normale, z.B. zur Vermeidung von Begräbnissen eines Scheintoten. Diesem Brauch könnten sich die Frauen in der Perikope verdanken. Oder aber die Frauen sind darauf zurückzuführen, daß zur Zeit der Entstehung der Perikope die Flucht der Jünger aus Jerusalem noch bekannt war.

3.4. Historizität des leeren Grabes?

Es hat sich gezeigt, daß die Perikope von der Auffindung des leeren Grabes kaum so viel an historischem Substrat erkennen läßt, daß man daraus auf einen historischen Kern schließen könnte. Vor allem aber die Tatsache, daß die historisch schwer verstehbaren Züge auf der Ebene der Erzählung einen guten Sinn abgeben, ist ein schwerwiegendes Argument für das Verständnis dieser Perikope als Verkündigungserzählung. Da auch die mehr allgemeinen Gründe, die für das leere Grab Jesu als historisches Faktum vorgetragen werden, erheblichen Zweifeln unterliegen, wird man gut daran tun, nicht allzu fest mit dem leeren Grab als historischem Faktum zu rechnen.[25]

Fällt so eine Argumentation mit dem leeren Grab für die Entstehung des Glaubens der Jünger an die Auferweckung Jesu weitgehend aus, so bleibt die Frage, ob dieser durch die Erscheinungen des Auferstandenen entstanden ist und wie diese gegebenenfalls im Lichte historischer Kritik zu verstehen sind. Damit stoßen wir auf den Kern der Frage nach der

---

[25] Wenigstens darauf hingewiesen sei, daß auch die Befürworter der Historizität des leeren Grabes nicht so weit gehen, die Möglichkeit der Auferstehung Jesu ohne leeres Grab zu leugnen. Vgl. die folgende Formulierung von *J. Kremer*, der in zahlreichen Publikationen für die Historizität des leeren Grabes eingetreten ist: „Das leere Grab ist außerdem vom heutigen Verstehenshorizont aus keine unabdingbare Voraussetzung für die Wahrheit der Osterbotschaft; denn die Existenz des Auferstehungsleibes hängt nicht von der Identität mit dem biochemischen Substrat des irdischen Leibes ab (...). Die Ansicht, Jesu Grab sei nicht leer gewesen oder zumindest nicht als solches entdeckt worden, stellt deshalb noch nicht ohne weiteres die Wirklichkeit der Auferstehung in Frage", in: Die Auferstehung (s. Anm. 18) 187f.

Entstehung des Osterglaubens, da die Erscheinungen nach Ansicht der meisten Autoren hierbei die entscheidende Rolle gespielt haben.[26]

4. Die Erscheinungen des Auferstandenen

4.1. Die Erscheinungen im Verständnis heutiger Theologie und die Darstellung der Erscheinungen durch die Evangelisten

Daß die Erscheinungen in der Sicht der heutigen Theologie als entscheidend für die Entstehung des Osterglaubens angesehen werden, läßt sich schön am neuen Katholischen Erwachsenenkatechismus erkennen. Dort heißt es unter Bezug auf die alte, von Paulus in 1 Kor 15,3–5 überlieferte Tradition: „Die Glaubensgewißheit von der Auferstehung Jesu ist nach der zitierten Bekenntnisformel darin begründet, daß der Auferstandene vor von Gott erwählten Zeugen *erschienen* ist oder, wie man deutlicher übersetzen muß: ‚sich ihnen sichtbar machte‘, ‚sich ihnen offenbarte‘ (vgl. 1 Kor 9,1; Gal 1,16). Wieder gibt uns das Neue Testament keinerlei Beschreibung des konkreten Vorgangs der Erscheinung. Das Wie der Erscheinungen tritt völlig in den Hintergrund gegenüber dem Wesentlichen, daß es sich nämlich um *personale Begegnungen* und um *Offenbarungsvorgänge* handelt, in denen sich der von Gott zum neuen Leben erweckte, in Gottes Herrlichkeit und Herrschaft eingesetzte Herr seinen Jüngern erschloß. Die mannigfachen Versuche, diese österlichen Erfahrungen rein natürlich und rein vernunftmäßig zu deuten und zu erklären, scheitern am klaren Zeugnis des Neuen Testaments. Die Erfahrungen der Jünger, für die sie nach sprachlichem Ausdruck suchen mußten, werden nämlich nur verständlich, wenn ihnen vom auferstandenen Herrn her eine Erschließungserfahrung zuteil wurde, in der sie Jesus, wie sie ihn aus seinem irdischen Leben kannten, in einer neuen Seinsweise wiedererkannten."[27]
Wie die Erscheinungen geschehen konnten, dazu äußert sich der Erwachsenenkatechismus nicht, aber es dürfte doch deutlich geworden sein, daß

---

[26] Vgl. aus der reichen Literatur hierzu etwa *H. Kessler*, Sucht den Lebenden nicht bei den Toten. Die Auferstehung Jesu Christi in biblischer, fundamentaltheologischer und systematischer Sicht, Düsseldorf 1985, 144 ff.219 ff (Lit.!); *A. Vögtle/R. Pesch*, Wie kam es (s. Anm. 13) 127 ff; *J. Kremer*, Die Auferstehung (s. Anm. 18) 183 ff.192 ff.

[27] Katholischer Erwachsenenkatechismus. Das Glaubensbekenntnis der Kirche, hg. v. der deutschen Bischofskonferenz, Bonn ²1985, 200 f.

die Erscheinungen nach dem Katechismus und gewiß auch für heutiges Glaubensverständnis der zentrale Punkt sind – die Erscheinungen haben den Jüngern nach dem Neuen Testament Glaubensgewißheit verschafft, sie sind als eine „Erschließungserfahrung" zu beurteilen, in der die Jünger „Jesus, wie sie ihn aus seinem irdischen Leben kannten, in einer neuen Seinsweise wiedererkannten". Gleichzeitig wird freilich angedeutet, daß der übernatürliche Charakter solcher Selbstkundgabe in der Literatur nicht unumstritten ist; alle Versuche, die Erscheinungen natürlich zu erklären, so wird ausgeführt, scheiterten „am klaren Zeugnis des NT". Das ist nun freilich eine schwerwiegende Behauptung, zumal nicht erläutert wird, worin dieses klare Zeugnis besteht bzw. was mit dem klaren Zeugnis gemeint ist. Vermutlich ist auf den Tatbestand abgehoben, daß innerhalb des Neuen Testaments eine Vielzahl von Zeugen für die Erscheinungen angeführt werden, ja, daß Paulus in 1 Kor 15 darauf hinweist, daß die meisten der Erscheinungsempfänger noch leben, und mit diesem Hinweis wohl ebenfalls alle bereits zu seiner Zeit vorhandenen Zweifel an der Wirklichkeit der Erscheinungen abweisen will. So wenig diese Wolke von Zeugen für die Erscheinungen bestritten werden kann, so sehr muß doch auch dargestellt werden, daß innerhalb des Neuen Testaments ganz verschiedene Vorstellungen über den Charakter des Erscheinenden deutlich werden. Nach Matthäus werden die Jünger nur einer Erscheinung gewürdigt, in der Züge einer *persönlichen* Begegnung mit dem Auferstandenen völlig fehlen. Vielmehr erscheint der Auferstandene als der in eine himmlische Machtstellung Eingesetzte, der den elf Jüngern den Befehl zur universalen Mission – davon hatte der irdische Jesus bei Matthäus bezeichnenderweise noch nicht gesprochen, vielmehr seine Aktion so wie die seiner Jünger ausdrücklich auf Israel beschränkt – erteilt und sie auf seine Lehre verpflichtet. Der Evangelist Markus erzählt in seinem originalen Teil überhaupt keine Erscheinungen des Auferstandenen, obwohl er um solche weiß (vgl. 16,7). Bei Lukas dagegen erscheint der Auferstandene zunächst in der Gestalt eines Wanderers, um sich dann, nachdem er zwischendurch noch dem Petrus erschienen ist (Lk 24,34), allen Jüngern zu zeigen, vornehmlich zu dem Zweck, daß sie seine Auferstehung erkennen. Gleichzeitig geht Lukas davon aus, daß *solche* Erscheinungen nur innerhalb einer kurzen Frist nach dem Tode Jesu möglich waren; die Erscheinungsphänomene, die Paulus widerfahren, sind nach Lk deutlich anderer Natur. –

Zumindest von einer *einheitlichen* Vorstellung kann bei den Erscheinungserzählungen also nicht die Rede sein. Bei Matthäus erscheint der Auferstandene schon als der Erhöhte, in die himmlische Machtstellung

Versetzte, während bei Lukas die Erhöhung bei den Erscheinungen noch aussteht; das gleiche wie für Lukas gilt übrigens auch für die erste Erscheinung bei Johannes, vgl. Joh 20,17, wohl aber nicht für Joh 20,19ff.

4.2. Die Erscheinungen und die historische Kritik

Der Katechismus deutet mit seinen Ausführungen insgesamt nur an, in welche Lage die Katholische Theologie durch die historische Kritik geraten ist. Gibt man ihr bei den Wundern und evtl. auch bei der Jungfrauengeburt zumindest teilweise nach, so wird bei der Auferstehung der historischen Kritik kein Pardon gewährt. Wurde zu Beginn der Neuzeit die Bibel weitgehend noch als historisches Protokoll gelesen, wurden die Schilderungen der außergewöhnlichen Taten Jesu durchweg als historisch betrachtet, so sind diese Sicherheiten im Laufe der Zeit abhanden gekommen und einem sehr differenzierten Bild gewichen, das nicht einfach von der Fiktion z.B. der Wundergeschichten ausgeht, aber sehr genau zwischen historischen und nichthistorischen Wundern unterscheidet. Allein bei der Auferstehung soll solche Betrachtung, die bis in weiteste Kreise Eingang gefunden hat, nicht gelten. Die Auferstehung soll, muß und kann – wenigstens nach Meinung vieler Theologen – leisten, was früher die Evangelien insgesamt, insbesondere aber Wunder, Auferstehung und Jungfrauengeburt zusammen leisteten: dem Glauben einen Grund zu geben. Je schwieriger das historische Verständnis der Wunder und der Jungfrauengeburt wurde, um so mehr konzentrierte man sich auf die Auferstehung, und hier wiederum insbesondere auf die Erscheinungen, und meinte, hier den Punkt der Punkte zu finden.

Es kann in unserem Zusammenhang nicht darum gehen, diese Ansicht zu destruieren, aber wir können nicht darauf verzichten, die Erscheinungen im Lichte einiger sich einfach aufdrängender Fragen zu erörtern. Und wir können des weiteren den bereits angedeuteten Zusammenhang zwischen Auferstehung/Erscheinungen und Glaubensbegründung nicht einfach unerörtert lassen. Wir sind uns dabei bewußt, *Versuche*, sozusagen *Überlegungen ins Unreine, Werkstatterörterungen,* vorzutragen. Wenn aber christliche Wahrheit erstens nicht vom Himmel fällt, sondern geschichtlich ist, und zweitens nur als angeeignete Wahrheit für uns Bedeutung erlangt, dann sind solche *Überlegungen auf Probe,* die sich der Diskussion, der brüderlichen Kritik, die auch schwesterlich sein kann, aussetzen, Moment des Prozesses der Wahrheitsfindung und -aneignung selbst, die nicht mit dem Fallbeil des ‚Anathema sit' oder milderen Ahndungen zu verfolgen sind, sondern zunächst einmal als Ausdruck und Versuch, den Glauben im Angesicht der heutigen Glaubensnot adäquat zu unserem Welt- und Lebensverständnis zum Ausdruck zu bringen, ernstgenommen werden sollten.

Wir haben die Geschichten von der Auffindung des leeren Grabes historisch, und das heißt, kritisch betrachtet. Kritisch hieß, mit den Augen der Analogie, mit heutigen Augen, mit der Erfahrung dessen, was heute geschieht, an diese Geschichte heranzugehen. Dies auf die Erscheinungserzählungen zu übertragen, macht von vornherein Probleme, weil Erscheinungen in unserer Alltagswelt nicht gerade das Normale sind und insofern die Erscheinungserzählungen des Neuen Testaments gerade nicht ohne weiteres mit der Erfahrung von heute, mit heutigen Augen, gelesen und gesehen werden können.

Kann aber die Auferstehung, bzw. können die Erscheinungen einfach aus der historischen Kritik entnommen werden, ohne daß wir vor uns selbst und vor anderen unglaubwürdig werden? Wenn wir alles und jedes in unserem Leben nach dem Prinzip der Analogie beurteilen, so können wir kaum die Frage nach dem Grund unseres Glaubens von dieser Frage völlig ausnehmen (vgl. das eingangs angeführte Zitat von H.S. Reimarus). Dafür ist uns der Glaube einfach zu ernst. Es muß also deutlich sein, daß Anlaß für unsere Überlegungen nicht Lust an der Kritik, sozusagen Liebe zur Negation, ist, sondern daß es um die Lebbarkeit des Glaubens selbst geht – so wenig der Glaube in das Welt- und Lebensverständnis der Moderne oder einer anderen Zeit eingeebnet werden darf, so wenig darf man den Glauben zu einer Insel machen, die mit unserem Leben nichts mehr gemein hat. – Dabei sind wir uns auch durchaus der Tatsache bewußt, daß der Verstand noch nicht der ganze Mensch ist und daß der Mensch nicht nur mit dem Verstand tragfähige Erkenntnisse und vor allem Einstellungen gewinnt.

4.3. Die herkömmliche Sicht der Erscheinungen

Da ich mich mit den Thesen von H. Kessler an anderer Stelle auseinandergesetzt habe,[28] folge ich bei der Darstellung der herkömmlichen Sicht der

---

[28] In einem Beitrag, der unter dem Titel „Der Herr ist dem Simon erschienen' (Lk 24,34) – Zur Entstehung des Osterglaubens" in dem 1988 herauskommenden Heft von SNTU erscheinen wird.

Erscheinungen wie schon bei der Frage nach der Historizität des leeren Grabes den Darlegungen J. Kremers: Kremer kritisiert zunächst einige Zugänge der Neuzeit zum Auferstehungsglauben, nämlich den rationalistischen, den Glauben „auf das leere Grab und objektiv feststellbare Erscheinungen" zu gründen, sowie den Weg R. Bultmanns, sich bedingungslos auf das Kerygma einzulassen, und schließlich den Versuch, den Auferstehungsglauben ganz aus dem Glauben an den irdischen Jesus abzuleiten, als unzureichend und sieht eine Hilfe für den heutigen Menschen in dem, „was das Neue Testament über die Einzigartigkeit der Auferstehung Jesu und der Ostererfahrungen, über die Glaubwürdigkeit der Zeugen und des Zeugnisses und über den Glauben an den Auferstandenen schreibt".[29] Diese Hilfe wird im einzelnen entfaltet:

1) Die Aussage von der Auferweckung Jesu ist einzigartig, insofern sie als Vorwegnahme der eschatologischen Totenauferstehung analogielos bei Juden und Griechen ist. Auch gibt es auffälligerweise keine Zeugen der Auferstehung, sondern nur Zeugen des Auferstandenen – ein Zug, der „die Bezeugung ihrer Wahrheit in den Augen vieler sicher nicht erleichterte" (192).

2) Die Ostererfahrungen werden im Neuen Testament deutlich von Visionen und anderen ekstatischen Erlebnissen unterschieden und in eine Reihe mit den alttestamentlichen Gottes- und Engelerscheinungen gestellt. „Das Offenbaren bzw. Sich-Zeigen des Auferstandenen strahlt von sich her eine Evidenz aus und überwindet Angst, Unsicherheit oder Zweifel der Jünger." (192)

3) Das Neue Testament betont die Zuverlässigkeit der Auferstehungszeugen ebenso wie den Umstand, daß diese Zeugen keineswegs leichtgläubige Personen waren. „Die Glaubwürdigkeit der Apostel wird nicht zuletzt durch das Zeugnis ihres Glaubens auch für den Historiker greifbar und fordert ihn zumindest auf, nach einer Erklärung zu fragen. Zusätzlich zu den ersten Zeugen können heute noch jene angeführt werden, die im Lauf der Kirchengeschichte die Osterbotschaft angenommen und durch ihr Leben glaubwürdig bezeugt haben." (193)

4) Für die Glaubwürdigkeit der Osterbotschaft spricht nach Kremer schließlich auch, daß diese Botschaft in Zusammenhang steht „mit der alttestamentlichen Offenbarung von Gottes Heilshandeln in der Geschichte" und die enge Beziehung zwischen der Osterbotschaft und dem Leben Jesu. (194)

---

[29] Die Auferstehung (s. Anm. 18) 191f, Zitat 192. Die Seitenzahlen im folgenden Text beziehen sich auf diese Arbeit.

Kremer ist zunächst generell zuzustimmen, daß die Glaubwürdigkeit der Zeugen, also sowohl der Auferstehungszeugen bzw. der Zeugen des Auferstandenen, als auch der diese Zeugnisse überliefernden Tradenten und Evangelisten von niemandem bestritten werden sollte – dem ist allerdings zugleich hinzuzufügen, daß das in der Sache noch nicht viel austrägt, denn könnten wir diese Glaubwürdigkeit nicht voraussetzen, würde jede Möglichkeit einer ernsthaften historischen Rückfrage völlig entfallen. Ebenfalls bloß zustimmen kann man Kremer, wenn er die subjektive Überzeugtheit aller Gläubigen aller Zeiten von der Tatsache der Auferstehung Jesu anführt – aber ist diese subjektive Überzeugtheit bei den Zeugen und Tradenten bis zur Niederschrift des Neuen Testaments mehr als eine Voraussetzung für die bereits genannte Glaubwürdigkeit dieser Zeugen, und impliziert diese Überzeugtheit bei allen Zeugen gleiche Vorstellungen über die Genese des Auferstehungsglaubens und deren Implikationen? Gerade den letzten Teil dieser Frage wird man angesichts der oben angesprochenen Probleme bei Paulus[30] und etwa auch der Tatsache, daß die Q-Überlieferung keine Auferstehung Jesu zu kennen scheint,[31] nicht ohne weiteres bejahen können.

Was die unter 1) angeführte Argumentation angeht, so hat J. M. Nützel den entsprechenden Zusammenhang analysiert und ist zu dem Ergebnis gekommen, „daß die Erwartung einer Ermordung und Auferweckung eschatologischer Propheten zur Zeit Jesu existierte", wenn er freilich auch fortfährt: „Die Belege dafür sind jedoch so gering an Zahl, daß die Annahme einer weiten Verbreitung dieser Erwartung in Palästina um 30 n.Chr. ohne Fundament ist."[32] Es gibt insofern also durchaus einige,

---

[30] Vgl. oben 3.3 das Vögtle-Zitat bei Anm. 22 und z.B., daß nicht nur die vorpaulinische Tradition in Phil 2 die Auferstehung nicht erwähnt und nur von der Erhöhung des Verstorbenen spricht. Vgl. dazu zuletzt *J. Fitzmyer*, The resurrection of Jesus Christ according to the New Testament, in: The Month 258 (1987) 402–410, 402 ff.

[31] Vgl. dazu *P. Hoffmann*, Art. Auferstehung II, in: TRE IV, 478–513, 496 f.

[32] *J. M. Nützel*, Zum Schicksal der eschatologischen Propheten, in: BZ 20 (1976) 59–92, 92. Vgl. dazu auch die Bemerkung von *J. Kremer* selbst: „Gibt es keine Auferstehung der Toten?", in: StdZ 204 (1986) 815–828: „Während das Alte Testament zwar von Henoch und Elija erzählt, daß sie zu Gott entrückt wurden (...), heißt es nämlich in mehreren frühjüdischen Schriften, daß auch noch andere jetzt schon bei Gott weilen, wie zum Beispiel die Patriarchen und Mose. Wenn nun diese, deren Begräbnis bekannt war (...), bei Gott leben, so sind sie jüdischer Auffassung gemäß nicht mehr im Grab, sondern ,auferstanden'. Der Gedanke an eine ,Auferstehung Toter' vor dem Ende der Welt war also zur Zeit Jesu und der Apostel nicht so fremd, wie oft behauptet wird", sowie *P.*

wenn auch zugegebenermaßen relativ wenige analoge Belege. Dazu muß aber wohl auch darauf hingewiesen werden, daß angesichts der relativ späten Entstehung der Auferstehungsvorstellung in Israel[33] die Erhöhungsbelege nicht ganz ausgeklammert werden dürfen,[34] da die Auferstehungsvorstellung so, wie sie auf Jesus angewandt wird, die Erhöhung impliziert. – Daß die Auferstehung Jesu selbst im Neuen Testament nicht beschrieben wird, trifft zu, wenn auch die Mt-Fassung mit dem Beiseitewälzen des Steines durch den Engel durchaus einen Schritt in diese Richtung geht.[35] Einen Beweis für die Historizität der Erscheinungen wird man aus dieser Zurückhaltung kaum ableiten können. Darüber hinaus ist zu fragen, ob diese Überlegung, die in den Abhandlungen zum Thema durchaus verbreitet ist, sich nicht modernem Denken verdankt und in der Antike so nicht empfunden wurde. Dies würde jedenfalls dann naheliegen, wenn unsere Überlegungen zur Tradition vom leeren Grab zuträfen, daß diese eher als eine erzählerische Explikation des Auferstehungsglaubens denn als Bericht einer historischen Tatsache aufzufassen sind.

Zu 2) ist zunächst darauf hinzuweisen, daß die Überwindung der Angst oder der Zweifel der Jünger ein stilgemäßer Zug von Erscheinungserzählungen ist, der für das Vorliegen der Gattung Erscheinungserzählung, nicht aber für die Historizität des Berichteten in Anspruch genommen werden kann.[36] – Paulus spricht sodann in der Tat in 2 Kor 12,2–4 ganz anders als von den ihm zuteil gewordenen Erscheinungen des Auferstandenen (Gal 1,15; 1 Kor 9,1) – das ist aber nur die eine Seite des Befundes, denn auf der anderen Seite kann in Mk 9,4 für die Erscheinung des Mose und des Elija der gleiche Terminus benutzt werden wie für die Erscheinungen des Auferstandenen. Darüber hinaus kann, wie auch immer man die Erscheinungen interpretiert, m. E. kein Zweifel daran bestehen, daß

Hoffmann, Art. Auferstehung (s. Anm. 31) 487. – Anders *K. Schubert,* ,Auferstehung Jesu' im Lichte der Religionsgeschichte des Judentums, in: E. Dhanis (Hg.), Resurrexit. Actes du symposium international sur la résurrection de Jesus (Rome 1970), Vatikanstadt 1974, 206–224, 207. Zur Bedeutung der Bemerkung Nützels über die keineswegs allgemeine Verbreitung dieses Theologoumenons vgl. meinen in Anm. 28 genannten Beitrag unter 3.5.

[33] Vgl. zur ersten Information dazu *G. Stemberger,* Art. Auferstehung I/2, in: TRE IV, 443–450 (Lit.).

[34] Vgl. dazu Gen 5,24 als ältesten Beleg (Priesterschrift) und dazu *Cl. Westermann,* Genesis I (BK I/1) Neukirchen 1974, 486 sowie ThWNT II, 553ff.

[35] Die Apokryphen haben diese Zurückhaltung dann teilweise aufgegeben, vgl. Petrusevangelium 9,35ff.

[36] Vgl. dazu meinen in Anm.6 genannten Beitrag, S.46.

hinter den entsprechenden Erzählungen bestimmte Erfahrungen stehen, zugleich aber auch daran nicht, daß aus der Religionsgeschichte verschiedene solche Erfahrungen bekannt sind,[37] so daß die unterschiedliche Verbalisierung bei Paulus auf unterschiedliche Erfahrungen hinweist, aber noch nicht beweist, daß eine bestimmte Gruppe von Erscheinungen – eben die Erscheinungen des Auferstandenen zu Ostern – von der historischen Kritik als Erscheinungen sui generis angenommen werden müßten.[38]

4.4. Einige Bemerkungen zu einer neuen Sicht

In den Evangelien sind uns mindestens acht ausgeführte Erscheinungserzählungen überliefert, die so wenig Übereinstimmungen erkennen lassen, daß man keine ohne weiteres auf eine andere zurückführen und so die Zahl der ausführlichen Erscheinungserzählungen reduzieren kann – die Lage ist hier also ganz anders als die zu Eingang geschilderte bei den Erzählungen von der Auffindung des leeren Grabes. – Älter als diese ausgeführten Erzählungen sind zweifellos die in den Briefen des Neuen Testaments begegnenden Auferstehungsformeln (z. B. 1 Kor 15,3–5). Da jedoch nichts darauf hinweist, daß diesen Formeln andere Vorstellungen als den ausgeführten Erzählungen zugrunde liegen, können wir für unseren Zweck auf letztere zurückgreifen.

Erscheinungstexte sind uns nun aber nicht nur aus dem Alten und Neuen Testament, sondern auch aus der übrigen antiken Literatur überliefert. Aus der Fülle der Belege seien wenigstens zwei angeführt.[39] – Vorweg sei erwähnt, daß selbstverständlich nicht die gesamte Antike einhellig diese Berichte für bare, d. h. historische Münze genommen hat, daß es vielmehr schon in der Antike Kritik an der zugrunde liegenden Vorstellung und

---

[37] Vgl. dazu die Arbeit von *J. Lindblom*, Gesichte und Offenbarungen. Vorstellungen von göttlichen Weisungen und übernatürlichen Erscheinungen im ältesten Christentum (Acta Reg. Societatis Humaniorum Litterarum Lundensis LXV) Lund 1968. Zu dem Problem der immer wieder behaupteten Unvergleichbarkeit der Visionen der Antike mit den Erscheinungen des Auferstandenen vgl. auch noch meinen Beitrag ,Der Herr ist wahrhaft auferstanden' (Lk 24,34), in: L. Oberlinner (Hg.), Auferstehung Jesu – Auferstehung der Christen. Deutungen des Osterglaubens (QD 105) Freiburg u. a. 1986, 39–62, 5.2 – 5.5.

[38] Auf den vierten Punkt von Kremer gehe ich nicht eigens ein, da ich davon ausgehe, daß sich meine Ansicht dazu aus dem Folgenden ergibt.

[39] Daß diese sich fast beliebig vermehren ließen, braucht nicht betont zu werden; vgl. dazu Art. Epiphanie, in: PRE IV, 277 ff.

Parodien auf diese gegeben hat.[40] Gleichwohl tun wir gut daran, davon auszugehen, daß diese Geschichten in der Regel nicht nur überliefert, sondern auch „geglaubt" wurden.

4.4.1. Zwei Textbeispiele aus der paganen Antike
1) Die Erscheinung der toten Kreusa bei Vergil

> „Während rasend ich nun durch die Stadt sie suche und suche,
> Schien das traurige Bild, der Schatten meiner Kreusa,
> Mir vor Augen zu stehn, doch in höherem Wuchse als vorher.
> Angstvoll erstarrt' ich, die Haare gesträubt, es stockte die Stimme;
> Sie aber sprach da zu mir und sagte die tröstenden Worte:
> ‚Wie doch kannst du so sehr dich unseligem Schmerze ergeben,
> O mein süßer Gemahl! Nicht ohne den Willen der Götter
> Kam dies Los: Nicht durft' die Gefährtin Kreusa dir folgen

> Glück und italische Macht und aus Königsgeschlecht eine Gattin
> Findest du dort. O beweine nicht mehr die geliebte Kreusa!

> Als sie die Worte gesagt und ich weinend noch vieles zu sprechen
> Trachtete, schwand sie hinweg und entwich wie ein Hauch durch die Lüfte."[41]

2) Die Erscheinung der toten Demäneta

> „‚So möge mich der Himmel Freude an diesen beiden erleben lassen, als das wahr ist, was ich dir erzählen will, Tychiades! Wie sehr ich meine selige Frau, ihre Mutter, geliebt habe, ist jedermann bekannt; ich habe es durch alles, was ich sowohl in ihrem Leben als nach ihrem Tode für sie getan, deutlich genug zutage gelegt ... Alles war still und einsam um mich her. Auf einmal sehe ich meine Demäneta, die sich auf dem nämlichen Platze, wo hier Eukratides sitzt, zu mir setzt ... Sobald ich sie sah ... umarmte ich sie wie ein Kind. Sie verwehrte mir zu schreien, beklagte sich aber, daß ich, da ich ihr sonst alles zu Gefallen getan, den einen von ihren goldenen Schuhen nicht mit verbrannt hätte ...' ... und sogleich verschwand sie wieder."[42]

Bei den zitierten Beispielen handelt es sich um Erscheinungen Verstorbener; häufiger erscheinen in den antiken Texten allerdings nicht Verstorbe-

---

[40] Vgl. dazu *G. Strecker*, Art. Entrückung, in: RAC 5,461–476,470 und Lukian, De morte Peregrini.

[41] *Vergil*, Aeneis, übersetzt und hg. v. W. Pankl (Reclam TB 221) Stuttgart 1980, II, 771–791; lat. Text und andere Übersetzung: Vergil, Aeneis. Lateinisch und Deutsch, eingel. und übertr. v. A. Vezin, Münster ⁵1952, 126 f. Der entscheidende Vers lautet: „Visa mihi ante oculos et nota maior imago".

[42] *Lukian*, Philopseudes, in: *Lukian*, Werke in 3 Bänden I, Berlin u.a. ²1981. Griech. Text in Band 3 der achtbändigen Lukianausgabe der Loeb Classical Library, London u.a. 1921, 360–362.

ne, sondern lebendig Entrückte. Als Beispiel dafür wäre außerbiblisch die Erscheinung des Romulus, überliefert u. a. bei Plutarch (Romulus 27f), aus dem Neuen Testament etwa die Erscheinung des Elija in der Verklärungsperikope (Mk 9,2ff) zu nennen. Daß auch im biblischen Vorstellungsraum schließlich Tote erscheinen können, zeigt zum einen wiederum die Verklärungsperikope, da der Tod des Mose im Alten Testament erzählt wird,[43] zum anderen eine Legende aus dem 3. Jahrhundert nach Christus, die eine Erscheinung des Mose und dessen Tod unmittelbar nebeneinander erwähnt.[44]

Daß sich solche Texte nicht einfach als weltbildgebundene Texte der Vergangenheit verstehen und damit abtun lassen, zeigt die Tatsache, daß „Erscheinungen" und Erzählungen davon nicht auf die Antike beschränkt sind, sondern auch in der Gegenwart begegnen.

4.4.2. Ein moderner Erscheinungstext

Aus der Vielzahl entsprechender Texte, die sich u. a. bei C. G. Jung finden lassen, sei hier nur einer zitiert:

„Mein Sohn ist Offizier in einem katholischen Infanterieregiment. Er erzählte mir, daß seine Soldaten eine Kollektivvision hatten: der selige Bruder Niklaus von der Flüe reckte seine Hand gegen den Rhein hin aus, um die deutschen Truppen, die sich unsern Grenzen näherten, abzuwehren."[45]

---

[43] Zu der Tradition von der leiblichen Entrückung des Mose vgl. ThWNT 4, 859,3 ff.

[44] Vgl. *Strack/Billerbeck* I 755.

[45] *C. G. Jung*, Briefe I. 1906–1945, Olten u. a. 1972, 451 Anm. 2. Einige weitere Beispiele habe ich in dem in Anm. 28 genannten Beitrag genannt. Die Texte aus unserer Zeit können verdeutlichen, daß die seriöse Behauptung von Erscheinungen nicht auf die Antike beschränkt ist. Gleichwohl dürfen in dieser Hinsicht Antike und Moderne deswegen nicht einfach gleichgestellt werden, wie u. a. folgender Text des Celsus zu zeigen vermag: „Es gibt *viele*, die, obgleich sie Leute ohne Ruf und Namen sind, mit der größten Leichtigkeit und bei dem nächsten Anlaß sowohl innerhalb der Heiligtümer als außerhalb derselben sich gebärden, als wären sie von prophetischer Ekstase ergriffen; andere, als Bettler umherschweifend und Städte und Kriegslager umziehend, geben dasselbe Schauspiel. Einem jeden sind die Worte geläufig, ein jeder ist damit sofort bei der Hand: ‚ich bin Gott' oder (und) ‚Gottes Sohn' (παῖς ϑεοῦ) oder ‚Geist Gottes'. ‚Ich bin gekommen, weil der Untergang der Welt schon im Anzug ist, und ihr Menschen, fahret wegen eurer Ungerechtigkeit ins Verderben! Aber ich will euch retten, und ihr werdet mich bald wiederkommen sehen mit himmlischer Macht…' Diesen großartigen Drohungen mischen sie dann noch seltsame, halbverrückte und absolut unverständliche Worte bei, deren Sinn kein noch so

Da man diesem und anderen Texten nicht ohne weiteres die Authentizität absprechen kann, ist der bereits genannte Weg, solche Phänomene als weltbild- und zeitgebunden abzutun, ein für allemal verschlossen.

4.5. Konsequenzen

Mit den Mitteln der Vernunft und der historischen Kritik haben wir keine Möglichkeit, hier zwischen gottgewirkten Erscheinungen und solchen, die nicht von Gott bewirkt sind, zu unterscheiden. Angesichts der Vielzahl der Berichte im Alten und Neuen Testament sowie in der Antike müssen wir vielmehr zunächst unterschiedslos feststellen: Es gab sowohl im alttestamentlich-jüdisch-urchristlichen Raum als auch in der paganen Antike Menschen, die von sich behaupten, daß ihnen ein Verstorbener erschienen sei, und die z. T. von diesem Erschienenen aussagen, er sei zu Gott/den Göttern erhöht worden. Als Christ wird man hinter der Aussage, daß Romulus erschienen sei und gesagt habe „Ich werde euch der gnädige Gott Quirinius sein" (so *Plutarch*, Romulus 28), sicher nicht Gott sehen, aber vor der Vernunft ist diese Aussage zunächst einmal gleich zu bewerten wie die von den Erscheinungen Jesu. Die neutrale Vernunft wird sogar dahin tendieren zu sagen: Entweder verdanken sich beiderlei Geschichten der Initiative Gottes oder keine. – Eine akzeptable Begründung für den Glauben an die Auferstehung Jesu scheint daraus nicht zu erwachsen.

Allerdings gibt es ein schwerwiegendes Hilfsargument, das die Gottgewirktheit der Erscheinungen argumentativ absichern soll.

4.5.1. Die Niedergeschlagenheit der Jünger angesichts der Kreuzigung Jesu

Immer wieder wird vorgetragen, die Lage der Jünger sei nach der Kreuzigung Jesu völlig verzweifelt gewesen, so daß sie von sich aus auf die „Idee" der Auferstehung des Gekreuzigten gar nicht hätten kommen können. Dazu hätte es vielmehr angesichts der Verzweiflung der Jünger

---

verständiger Mensch herauszubringen vermag, so dunkel und nichtssagend sind sie; aber der erste beste Schwachkopf oder Gaukler vermag sie zu deuten, wie es ihm beliebt…" (Origines, Contra Celsum VII, 9.11 zitiert nach A. v. Harnack, Die Mission und Ausbreitung des Christentums in den ersten drei Jahrhunderten, Leipzig ⁴1924, S. 364, Anm. 1).

eines Anstoßes ab extra bedurft, also der Erscheinungen.[46] – Nun wissen wir über die Lage der Jünger nach der Kreuzigung und erst recht über deren psychische Situation nicht viel. Markus erwähnt in 14,50 eine Flucht aller Jünger, wohin, sagt er nicht. Wie eingangs erwähnt, wird häufig angenommen, daß die Jünger nichts Eiligeres zu tun hatten, als am Gründonnerstagabend bzw. in der Nacht nach Galiläa zu fliehen und zu Beruf und Familie zurückzukehren.[47] Allerdings setzen Mk 16,7 und Joh 19 und 20 die Jünger noch in Jerusalem voraus. Aber insgesamt dürfte die Lage der Jünger nach der Kreuzigung Jesu durchaus zutreffend gesehen sein. Dtn 21,13 wurde nach Gal 3,13 und nach TR 64,7–13[48] auf die Gekreuzigten angewendet, d. h. diese galten als von Gott verflucht. Diese jüdische Ansicht von der Kreuzigung und von den Gekreuzigten wird auch die Meinung der Jünger über Jesus nach seiner Kreuzigung beeinflußt haben. Deswegen wird gefragt, wie die Jünger angesichts dieser Lage – ohne Neuanstoß ab extra – zum Bekenntnis der Auferstehung gekommen sein sollen, bzw. es wird gesagt, aufgrund der Lage der Jünger sei eine Erklärung der Oster-Erscheinungen als psychogene Visionen unmöglich. Die Erscheinungen können also nicht psychische Ursachen in den Jüngern selbst haben, sondern müssen von Gott gewirkt sein.

---

[46] So z. B. *H. Kessler*, Sucht den Lebenden (s. Anm. 26) passim, bes. 3. Kapitel, Abschnitte III.IV.VI; *A. Vögtle*, (s. Anm. 13) 128f. Vgl. allerdings auch die Aporie dieser These ebda. 129: „Freilich, so begründet die These sein mag, der Osterglaube der Jünger beruhe ‚auf einem Geschehen, das nicht aus den Jüngern erklärt werden kann, sondern das selbst ihren Glauben erst entstehen läßt': jenes ‚Geschehen' bleibt für uns eine Unbekannte, die uns eine entsprechend einsichtige Erklärung, wie jenes ‚Geschehen' zur Artikulierung des Osterglaubens führte, verwehrt." Ebenso *Kessler*, ebda. 233f. Dazu *J. Becker*, Das Gottesbild Jesu und die älteste Auslegung von Ostern, in: Jesus Christus in Historie und Theologie. Neutestamentliche Festschrift für Hans Conzelmann, hg. v. G. Strecker, Tübingen 1975, 105–126, 106f: „Historisch scheint es uns immer noch am wahrscheinlichsten, mit visionären Erlebnissen zu rechnen, die durch den Glauben, der gekreuzigte Jesus ist von Gott auferweckt worden, interpretiert wurden. Jedoch sollte man Visionen auch nicht alsbald zum nicht hinterfragbaren Urdatum mit Spezialqualität eines unmittelbaren und absolut wunderhaften Eingriffs Gottes in die Geschichte aufwerten, sondern der korrelativen Verflechtung alles Geschehens in der Geschichte auch an dieser Stelle eingedenk bleiben. Es sollte auch nicht der leiseste Zweifel bei solcher Erörterung aufkommen, man wolle sich versteckt doch aus der Geschichtsbetrachtung herausmogeln, wohl aber immer deutlich bleiben, daß systematisch verantwortetes Christentum durch rückhaltloses Aufarbeiten der Geschichte nur gewinnen kann."
[47] Vgl. dazu neuestens *A. Vögtle*, Die Dynamik des Anfangs. Leben und Fragen der jungen Kirche, Freiburg u. a. 1988, 23f.
[48] Vgl. auch 4 Q pNah I, 4ff.

Gegen diese Beweisführung scheint sich auf den ersten Blick kein Einwand anzubieten. Aber informiert man sich ein wenig über den Charakter von Visionen, so stellt man fest, daß bei diesen unterschieden werden kann zwischen solchen, die „ein Höchstmaß an Glück" vermitteln und „vorwiegend der Beruhigung, Versöhnung und Akzeptation des Ichs" dienen, die also ganz in der Linie des Normalen und Erwarteten liegen, und zwischen solchen, die durch „eine schwere Erschütterung des Ichs" gekennzeichnet sind, bei dem dieses „gewissermaßen seine Grenzen verliert ... und schutzlos allen Einflüssen des Unbewußten ausgeliefert ist". In diesen visionären Erfahrungen der zweiten Art droht das Ich „vom Unbewußten zunächst überfallartig heimgesucht und weggespült zu werden, ehe es sich schließlich in einer tieferen Wahrheit getragen und angenommen fühle".[49] Diese Erscheinungen – z.B. bei den Propheten – geschehen gerade nicht wie die vorher genannten Visionen in Übereinstimmung mit dem kollektiven Unbewußten, mit dem common sense, sondern sie sind durch radikale Unterscheidung, Trennung und Entgegensetzung gegenüber dem kollektiven Unbewußten gekennzeichnet. Das „so machen's alle", „so denken alle", die allgemein akzeptierten Normen und Gebräuche gelten hier gerade nicht mehr, der Visionär setzt sich von diesen gerade ab, er bricht mit seiner Gesellschaft und mit der von ihr akzeptierten Wirklichkeit.

Trifft das zu, so ist die Aussage von den Erscheinungen des Gekreuzigten gerade auch angesichts der psychischen Lage der Jünger nicht mehr so überraschend und nicht mehr so eindeutig auf einen Anstoß ab extra angewiesen, wie das zunächst schien. Oder anders ausgedrückt: Die Tatsache, daß Jüngern, die von Jesus angesichts seiner Kreuzigung mehr als enttäuscht waren, für die dieser Jesus, an den oder dem sie geglaubt hatten, aufgrund seiner Kreuzigung in seiner Bedeutung völlig zusammengebrochen war, Erscheinungen zugeschrieben werden, würde verstehbar, ohne daß man als Historiker auf die Hypothese zurückgreifen müßte, diese Erscheinungen seien unmittelbar von Gott bzw. vom erscheinenden Auferweckten selbst bewirkt. Die historische Rekonstruktion kann die Oster-Erscheinungen also nicht als unbezweifelbare Grundlage des Osterglaubens sicherstellen. Was aber dann?[50]

---

[49] Vgl. *E. Drewermann*, Tiefenpsychologie und Exegese II. Die Wahrheit der Werke und Worte, Olten u.a. 1985, 361.

[50] Zur Beurteilung aller entsprechenden Versuche, auch des hier von mir vorgelegten, scheint mir folgendes Zitat von *H.W. Winden*, Wie kam es und wie kommt es zum Osterglauben? Darstellung, Beurteilung und Weiterführung der durch Rudolf Pesch ausgelösten Diskussion (DispTheol 12) Frankfurt/Bern 1982, 122f

4.6. Die Entstehung des Osterglaubens

Zunächst scheint es mir durchaus sinnvoll, aus dem vermuteten Nachteil des bislang Vorgetragenen – Verzicht auf die Erscheinungen als notwendige Begründung für den Glauben an die Auferstehung – einen Vorteil zu machen, nämlich zu fragen: Ist es dem christlichen Glauben angemessen, gerade auch wenn man das religionsgeschichtliche Vergleichsmaterial überblickt, ihn auf berichtete Visionen zu gründen?

Des weiteren wird man als historisch arbeitender Theologe das Hilfsmittel auch hier in der historischen Kritik suchen.

Die Auferweckungsaussage betrifft Gott und Jesus. Gott handelt an Jesus, bringt ihn zum neuen, ewigen Leben, erhöht ihn zu sich, setzt ihn in seine Sohneswürde ein. Aber die Kategorie Auferweckung bezieht sich nicht nur auf ein Geschehen zwischen Vater und Sohn, sondern hat auch Implikationen für die Botschaft, so wie die Kreuzigung Implikationen für die Botschaft Jesu hatte.[51] Daß auf die Predigt eines von Gott Verfluchten kein Verlaß ist, dürfte sich von selbst verstehen – d.h. die Kreuzigung Jesu war nicht nur die Negation seiner Existenz für Juden und Römer seiner Zeit, sondern sie war auch – jedenfalls in den Augen der Juden mußte sie es sein – Negation seiner Botschaft und seines Anspruches *durch Gott:* Indem Gott zugelassen hatte, daß dieser Jesus, der Gott durchaus etwas anders gesehen hatte als seine Zeitgenossen, ans Kreuz geschlagen wurde, hatte er in den Augen der Jünger dessen Botschaft nicht nur nicht bestätigt, sondern geradezu desavouiert.

Dieser sozusagen objektiven Seite entspricht natürlich auch eine subjektive auf seiten der Jünger. Für sie hatte sich mit dem sich abzeichnenden Ende Jesu trotz der Faszination, die von Jesus ausging und die die Jünger so stark beeindruckt hatte, daß sie Familie und Beruf liegen ließen und Jesus nachfolgten, dieser Jesus offensichtlich erledigt – ihre Hoffnung auf

---

hilfreich: „... daß es nicht so sehr darum geht, ob die Jünger *visionäre* Erfahrungen hatten, sondern entscheidend darum, ob sie zur Auslösung des Osterglaubens eines *neuen* göttlichen ‚Offenbarungsimpulses' bedurften ... oder aber, ob die (auch gottgewirkten) Erfahrungen der Jünger mit dem irdischen Jesus zur Artikulierung der Osterbotschaft ausreichten. Diese Frage kann, da von der neutestamentlichen Bekenntnistradition her nicht befriedigend beantwortbar, letztlich nur *theologisch* entschieden werden."

[51] Zur Zusammengehörigkeit von Jesus und seiner Botschaft vgl. *J. Blank,* Weißt du, was Versöhnung heißt? Der Kreuztod Jesu als Sühne und Versöhnung, in: J. Blank / J. Werbick (Hrsg.), Sühne und Versöhnung (Theologie zur Zeit 1) Düsseldorf 1986, S. 21–91, 72. 77. 82.

Jesus, welche konkrete Gestalt sie auch immer gehabt haben mag, war mit Jesu Verhaftung und Kreuzigung ein für allemal, so schien es, obsolet geworden. Verdeutlicht man sich so die Situation der Jünger am und nach dem Karfreitag, so kann man schon verstehen, daß viele Theologen auf eine Neubegründung des Glaubens der Jünger von außen, also mit Hilfe der Erscheinungen, nicht verzichten zu können meinen.

Aus diesem Zusammenbruch aller Hoffnungen der Jünger in Bezug auf Jesus und seine Botschaft könnte sich aber nun nach meinem Urteil der Glaube an die Auferstehung Jesu verstehen lassen. Jedenfalls kann und sollte man den Versuch machen. Wenn diese Jünger nach Karfreitag die Erfahrung gemacht haben, daß Jesus mit seiner Botschaft vom barmherzigen, dem Sünder nachlaufenden Gott gerade nicht gescheitert ist, im Gegenteil, daß er Recht hatte, wenn sich also die Botschaft Jesu in Erfahrungen der Jünger mit dieser Botschaft nach der Kreuzigung weiterhin als tragfähig und damit als wahr erwies, dann konnte Gott diesen Jesus doch gar nicht fallengelassen haben, dann war der unmittelbare Zusammenhang von Tun und Ergehen bei Jesus gerade nicht gegeben, dann war das äußerlich als Scheitern Jesu anzusehende Sterben am Kreuz in einer tieferen Dimension gar nicht als Scheitern und Verfluchung zu verstehen. Wenn aber Jesu Botschaft – natürlich kann man hinzufügen: aus der inspirierenden Kraft des Gottesgeistes – sich als weiterhin tragfähig erwies, wenn deswegen das Kreuz Jesu von den Jüngern nicht als Verfluchung Jesu von seiten Gottes angesehen werden mußte (in der Botschaft Jesu war es ja gerade um das zutreffende Verständnis dieses Gottes gegangen), dann konnte das Kreuz auch nicht Gottes letztes Wort zu diesem Jesus gewesen sein.

Was die neutestamentlichen Schriften Erscheinungen nennen, wäre dann als innere, darum aber nicht weniger gewisse, äußerst lebendige Erfahrung zu verstehen, die den Jüngern deutlich machte, daß das, was Jesus ihnen von Gott gesagt und vorgelebt hatte, zutraf. Damit war dann unmittelbar gegeben, daß Jesus nicht ein für allemal erledigt war, sondern daß Gott sich zu diesem Jesus bekannt, ihn zu sich erhöht, ihn auferweckt hatte. (Daß zu dieser Anfangserfahrung dann auch bestimmte jüdische Theologoumena hinzugezogen wurden, die das Schicksal Jesu weiter zu deuten halfen, kann hier unberücksichtigt bleiben, weil es hier gerade um diesen ersten Anstoß geht.)

Wie sind solche Erfahrungen zu beschreiben? Da Jesus vor allem von Gott gesprochen hatte und diese Erfahrungen der Jünger die Tragfähigkeit der Botschaft Jesu zum Gegenstand gehabt haben müssen, müssen sie sich auf das Spezifische an Jesu Gottesbild bezogen haben, das vor allem in einigen neutestamentlichen Gleichnissen aufbewahrt ist. Es muß sich also um Erfahrungen nach der Kreuzigung gehandelt haben, in denen Jesu Gottesbild vom schenkenden Weinbergbesitzer und vom unendlich hohe Schulden nachlassenden Gläubiger sich auch weiterhin als plausibler erwies als das Gottesbild, gegen das Jesus sich gerichtet hatte.

Zusammenfassend kann man sagen: Die Vielfalt der Belege für Erscheinungen und die Unterschiedlichkeit der beschriebenen Phänomene machen eine Psychologie der Erscheinungen notwendig. Diese zeigt, daß Erscheinungen keineswegs immer in der Linie der gesellschaftlich-kirchlich konstruierten Wirklichkeit liegen, sondern daß sie gerade auch völlig quer zu dieser verlaufen können, womit ein wichtiges Argument für *die direkte, unmittelbare und ausschließliche Rückführung der Erscheinungen* des auferstandenen Christus auf Gott entfällt.

Die Frage, die dann zu stellen ist, lautet etwa: Waren die Erscheinungen dann nichts als Einbildungen? Oder umgekehrt: Worin hat die Rede von den Erscheinungen ihren Grund? Man kann nach dem Dargelegten nicht behaupten, die Urgemeinde und die antiken sowie die modernen Schriftsteller hätten die Erscheinungen einfach „erfunden". Dann wird man *versuchsweise* sagen können, die Rede von den Erscheinungen des Auferstandenen ist ein in einer bestimmten kulturellen Situation verankerter Ausdruck für tiefgreifende Glaubenserfahrungen. Diese Glaubenserfahrungen werden sich zunächst und zuerst nicht auf das isolierte Ereignis der Auferweckung des Gekreuzigten, sondern ebenso auf die bleibende und sich bestätigende Wahrheit seiner Botschaft bezogen haben: Gott ist so, wie Jesus gesagt hat! Wenn aber Jesus mit seiner Gottesbotschaft recht gehabt hat, dann hat Gott auch keinen Grund gehabt, ihn zu verfluchen, sondern er hat sich zu ihm bekannt, er hat ihn auferweckt.

Gleichzeitig ist das vorgeschlagene Verständnis der Ostererfahrungen auch eine Hilfe für heutiges Verstehen des Glaubens. Denn wenn diese Erfahrungen im Glauben – unbeschadet ihrer nicht zu leugnenden grundlegenden Bedeutung für die Gemeinde der Glaubenden – durchaus auch vergleichbar wären mit heute möglichen Glaubenserfahrungen, so würde die Rede von der Auferstehung Jesu von einem Gegenstand, den wir aufgrund von Fremderfahrung und deren Überlieferung glauben, zu einer Rede, die auch in eigener Glaubenserfahrung ihr Fundament hat und die unser Leben aus dem Glauben verändern könnte.

Die Sache mit den Ostererscheinungen

von

HANSJÜRGEN VERWEYEN

1. Symptom und Ursache eines Streits

Im Disput über die neutestamentlich berichteten Erscheinungen des Auferstandenen ist viel Tinte geflossen. Schon gegen Ende des 2. Jahrhunderts brachte der Philosoph Kelsos schweres Geschütz ins Feld. Wer wird von den Christen, so fragt Kelsos, als Zeuge für Begegnungen mit dem Auferstandenen angeführt? „Ein halbrasendes Weib und vielleicht noch ein anderer von derselben Gaunerbande, der entweder die Anlage zu solchen Träumen in sich trug und, ein Opfer irregeleiteter Phantasie, sich nach Belieben ein solches Trugbild schuf, oder der die anderen Menschen mit dieser Gaukelei in Erstaunen setzen und durch solche Lüge andern Schwindlern einen Anhalt geben wollte."[1] Hier waren mit der „Halluzinations-" und der „Betrugshypothese" bereits die wichtigsten Argumente grundgelegt, die auch der Apologetik späterer Jahrhunderte zu schaffen machten. Merkwürdig ist allerdings, daß man in der theologischen Diskussion zwar inzwischen für fast alle Kernthemen der traditionellen Apologetik, insofern sie um den Einbruch des Supranaturalen in unsere Welt kreisen, nur noch ein müdes Lächeln übrig hat, der Disput um die Ostererscheinungen aber mit unverminderter Heftigkeit weitergeführt wird.

Für dieses wissenschaftsgeschichtlich eigentümlich anmutende Phänomen läßt sich wohl nur ein plausibler Grund angeben. Der christliche Glaube steht und fällt damit, daß sich in Jesus Christus Gott selbst letztgültig mitgeteilt hat. Darin steckt die Behauptung, daß zumindest in *einem* geschichtlichen Ereignis unsere ansonsten so vielfältig bedingte Welt wirklich transparent für das Unbedingte geworden ist. Solange man dieses Ereignis mit dem identifiziert, was Christen „Ostern" nennen, und in den sogenannten „Ostererscheinungen" den entscheidenden geschichtlichen Ort jener letztgültigen göttlichen Selbstmanifestation ansieht, wird der jahrhundertealte Streit kaum zu einem Ende kommen.

Im Hintergrund dieses Disputs liegt also wohl ein vorrangiges Problem, das erst einmal selbst in der nötigen Schärfe beleuchtet werden muß, soll die „Sache mit den Ostererscheinungen" über eine bloße Symptombehandlung nicht zu einem chronischen Leiden werden. Bei diesem zugrunde liegenden Problem geht es, soweit ich sehe, um zwei eng zusammenhängende, aber dennoch sorgfältig zu unterscheidende Fragen, nämlich einmal die nach dem *Sinn*, zum anderen die nach dem *Grund* des

---

[1] Referiert bei Origenes, Ca. Celsum II, 55.

65

Osterglaubens. Wenn der Osterglaube oder geschichtliche Fakten, worauf er sich beruft, keinen kritisch verantwortbaren Sinn mehr hergeben, kann man ihn als Relikt aus früheren Zeiten auf sich beruhen lassen. Anderseits ist mit der Beantwortung der Frage nach dem Sinn des Osterglaubens bzw. dem Sinn von Ereignissen, die zu seiner Begründung angeführt werden, noch nichts darüber ausgemacht, ob dieser Glaube tatsächlich durch Realität gedeckt, nicht bloßer Sinn*entwurf* ist.

Die beiden so gestellten Fragen nach Sinn und Grund des Osterglaubens sind fundamentaltheologischer Natur. In der neutestamentlichen Exegese mag sich zwar Übereinstimmung darüber erzielen lassen, in welcher Form sich ursprünglich der Osterglaube artikuliert hat – etwa in Sätzen wie: „Gott hat Jesus von den Toten auferweckt" –, Einvernehmen auch darüber, welcher Sinn mit solchen Sätzen verbunden wurde, insbesondere etwa im Horizont apokalyptischer Erwartungen. Damit ist die Frage aber noch nicht einmal angeschnitten, ob *wir heute* mit dem Stichwort „Auferweckung" oder „Auferstehung" Vorstellungen verbinden können, die im Horizont unserer eigenen Sinnerwartungen noch so etwas wie eine Schlüsselfunktion haben, oder, wenn nicht, ob jene seinerzeit sinnerschließende Kategorie „Auferstehung" sich wenigstens in Grundbegriffe heutigen Glaubens und Hoffens übersetzen läßt.

Ähnlich steht es mit der Frage nach den Fakten, auf die das Entstehen des Osterglaubens zurückgeführt wird. Bei aller Schwierigkeit, jene im Neuen Testament behaupteten österlichen Widerfahrnisse näher zu bestimmen, mag sich schließlich doch ein Konsens darüber erzielen lassen, daß erst durch Begegnungen mit dem auferstandenen Herrn die Jünger Jesu und schließlich der Apostel Paulus zum Osterbekenntnis gefunden haben. Damit ist aber noch nicht ausgemacht, ob solche Phänomene der ausschlaggebende Grund für ihren wirkmächtigen Glauben waren, nicht nur der auslösende Anlaß, wo eine vorher schon hinreichend begründete Einsicht zum Durchbruch kam. Erst recht ist mit dem exegetischen Konsens nicht die Frage beantwortet, was uns selbst als entscheidender Grund für den Glauben an Jesus als die letztgültige Selbstmitteilung Gottes an den Menschen zu dienen vermag.

2. Zur Diskussionslage

Die angedeutete Mehrschichtigkeit der Problematik macht begreiflich, warum die Diskussion um Ostern so unübersichtlich geworden ist. Vielleicht läßt sich dennoch so etwas wie ein roter Faden gewinnen, wenn man sich zunächst den tiefgreifenden Umbruch der Perspektive vor Augen hält, der in der Christologie insgesamt stattgefunden hat. Im Anschluß an einen in der zeitgenössischen Wissenschaftstheorie modisch gewordenen Ausdruck könnte man geradezu von einem „Paradigmenwechsel" sprechen.

Schon in der Zeit der frühen Kirche wurde zunehmend ein christologisches Grundmuster vorherrschend, das man wegen der Tendenz, bereits im irdischen Jesus die Züge des Menschlichen zugunsten seiner Offenbarung göttlicher Macht zurücktreten zu lassen, als im Prinzip „monophysitistisch" bezeichnen darf. Mehr und mehr wurde dann die Sprache johanneischer Christologie als die dem irdischen Jesus eigentlich am besten angemessene Sprache empfunden. In solcher Sichtweise galt die Auferstehung Jesu nur als die triumphale Fortsetzung der Wunder, mit denen der Gottessohn sich schon in seinem Erdenleben machtvoll legitimiert hatte. Im katholischen Raum konnte sich dieses christologische Grundmuster noch bis in die Zeit unmittelbar vor dem Zweiten Vatikanischen Konzil erhalten. In dem von den deutschen Bischöfen 1955 herausgegebenen „Katholischen Katechismus der Bistümer Deutschlands" heißt es z.B.: „Jesus zeigte durch große Wunder, daß das Reich Gottes nahe war [...]. Welches Wunder hat Jesus am dritten Tag nach seinem Tode gewirkt? Am dritten Tage nach seinem Tode vereinigte Jesus seine Seele wieder mit dem Leibe und stand glorreich von den Toten auf [...]. Die Himmelfahrt Jesu war ein Triumphzug [...]. Im Himmel bestieg Jesus den Thron zur Rechten des Vaters. Er nahm jetzt auch als Mensch Besitz von der Macht und Herrlichkeit, die er als Sohn des Vaters von Ewigkeit her besitzt."

Mit solchen lehramtlich abgesicherten Formulierungen wurde in Wirklichkeit aber nur ein Paradigmenwechsel verdrängt, der sich schon seit dem Beginn der kritischen Rückfrage nach dem „historischen Jesus" angebahnt hatte. Das neue christologische Grundmuster, das sich hier seit der Aufklärung herauskristallisierte, kann man am treffendsten vielleicht als das „Dogma vom Ostergraben" bezeichnen. Dem Selbstverständnis der historisch-kritischen Rückfrage nach dem irdischen Jesus zufolge müßte man zwischen Christen und Anhängern anderer Weltanschauungen eigentlich zu einem nüchternen Einvernehmen darüber kommen können, wer der wirkliche Jesus der Geschichte gewesen ist, d.h. dieser Mensch Jesus von Nazaret, abgehoben von allem dogmatischen Beiwerk und selbst von seinen kerygmatischen Überkleidungen schon in den neutestamentlichen Traditionen. Das Spezifikum des Christlichen bestünde dagegen wesentlich im Glauben an den Herrn, wie er österlich offenbart wurde. Während in der traditionellen Sicht eine klar zutage tretende Kontinuität zwischen dem vorösterlichen und dem österlichen Gottessohn angenommen wurde, beruht das paradigmatisch Neue also in der Annahme einer tiefen erkenntnistheoretischen Kluft zwischen Karfreitag und Ostern. Es liegt auf der Hand, daß damit der Frage nach den österlichen Geschehnissen bei der Begründung des Spezifikums christlichen Glaubens gegenüber dem vom irdischen Jesus historisch Verifizierbaren ein erdrückendes Gewicht zukommt. Auch in diesem neuen christologischen Paradigma kann man eine Tendenz zum Monophysitismus feststellen, diesmal allerdings in umgekehrter Richtung: der irdische Jesus erscheint als bloßer Mensch, mit dem sich Gott erst nachträglich zu dessen abgeschlossenem Lebenswerk, eben „österlich", identifiziert.

Innerhalb des generellen Vorstellungsmusters vom „Ostergraben" gibt es nun allerdings eine große Variationsbreite von theologischen Konzeptionen. Nach Rudolf *Bultmann*[2] etwa ist unser historisches Wissen über Jesus grundsätzlich mit dem nackten Faktum des Kreuzes am Ende. Die Rede von Jesu „Auferstehung" hat zwar, auch Bultmann zufolge, ihren Sinn, nämlich als mythologische Einkleidung der existentialen Bedeutsamkeit des Kreuzes. Diese Rede wurde aber allein in der Kraft des Geistes möglich, der Kerygma und Kirche stiftet.

Während für Bultmann die Frage nach Erscheinungen des Auferstandenen, historisch gesehen, hoffnungslos und, theologisch betrachtet, ohne jede Bedeutung ist, wird die historische Verifizierbarkeit solcher österlicher Manifestationen in der Theologie Wolfhart *Pannenbergs* hingegen[3] gerade zum springenden Punkt. Nach Pannenberg hat Jesus im Rahmen seines Zugehens auf die nahe bevorstehende Enthüllung der Wahrheit aller Geschichte einen Vollmachtsanspruch erhoben, der völlig in der Luft gehangen hätte, wären die Ostererscheinungen nicht tatsächlich erfolgt. Diese machten manifest, daß in Jesu Auferweckung die apokalyptisch für das Ende dieser Weltzeit erwartete Auferstehung der Toten exemplarisch vorweggenommen wurde und Jesu Anspruch somit legitim war. Die Verantwortung des Osterglaubens angesichts der historisch-kritischen Vernunft ist nach Pannenberg dadurch gewährleistet, daß jene Selbstbekundungen des auferweckten Jesus vor den Jüngern (wie auch das leere Grab) zumindest mit hoher Wahrscheinlichkeit als historisches Faktum aufgewiesen werden können.

---

[2] Vgl. bes. Neues Testament und Mythologie, in: H. W. Bartsch (Hrsg.), Kerygma und Mythos I, Hamburg [5]1967, 15–48.
[3] Vgl. bes. Grundzüge der Christologie, Gütersloh 1964, 47–112.

In den letzten Jahren ist die Notwendigkeit von Ostererscheinungen als dem entscheidenden Grund für den Christenglauben weiter betont worden, allerdings zumeist mit einem etwas anderen Akzent als bei Pannenberg. Das zentrale Problem bildet nun nicht mehr das apokalyptische Angelegtsein des Redens und Wirkens Jesu auf eine Legitimation, die erst mit dem Anbruch des Endes der Geschichte offenbar werden konnte. Vielmehr habe Jesu Tod am Schandpfahl seinen Jüngern wie jedem gläubigen Juden ihrer Zeit die Mission Jesu fast zwangsläufig als gescheitert erscheinen lassen. „Ein Gehängter ist ein von Gott Verfluchter", las der Gläubige im Buche Deuteronomium (21,23b). Um den durch Jesu Kreuzestod gegen seinen öffentlich erhobenen Vollmachtsanspruch gesetzten Widerspruch aus der Welt zu schaffen, hat Gott – so argumentieren etwa Hans *Kessler*[4] und Lorenz *Oberlinner*[5] – nach dem Karfreitag eine neue Offenbarungsinitiative ergreifen müssen. Dies sei eben in den österlichen Begegnungen des Auferweckten mit seinen Jüngern geschehen.

Inzwischen hat es – anhebend mit einer kleinen Schrift von W. *Marxsen* aus dem Jahre 1964[6] – allerdings auch eine Reihe von Versuchen gegeben, das, was ich hier als „Ostergraben-Paradigma" umschreibe, zu überwinden. Die Wellen der Diskussion, die in Reaktion auf die 1973 publizierte Tübinger Gastvorlesung von R. *Pesch*[7] hochschlugen, haben sich mittlerweile – nicht zuletzt aufgrund der Modifikationen seiner ursprünglichen These durch R. Pesch selbst[8] – ziemlich geglättet, könnten anläßlich des radikalen Standorts, den K.-H. *Ohlig* in seiner „Fundamentalchristologie"[9] bezieht, aber wieder in Unordnung geraten. Auf diese durchgreifenden wie auch andere, eher vermittelnde Ansätze kann ich hier nicht ausführlicher eingehen und werde nur insoweit darauf zurückkommen,

---

[4] Sucht den Lebenden nicht bei den Toten. Die Auferstehung Jesu Christi, Düsseldorf 1985.

[5] Zwischen Kreuz und Parusie. Die eschatologische Qualität des Osterglaubens, in: Auferstehung Jesu – Auferstehung der Christen. Hrsg. v. L. Oberlinner, Freiburg 1986, 63–95.

[6] Die Auferstehung Jesu als historisches und theologisches Problem, Gütersloh.

[7] Zur Entstehung des Glaubens an die Auferstehung Jesu. Ein Vorschlag zur Diskussion, in: ThQ 153 (1973) 201–228.

[8] Vgl. bes.: Zur Entstehung des Glaubens an die Auferstehung Jesu. Ein neuer Versuch, in: FZPhTh 30 (1983) 73–98.

[9] Fundamentalchristologie. Im Spannungsfeld von Christentum und Kultur, München 1986.

als mir das zur Abgrenzung meiner eigenen Position[10] notwendig erscheint. – Das Unterscheidende meines Ansatzes scheint mir einmal in der prinzipiellen fundamentaltheologischen Kritik am „Ostergraben-Paradigma" zu liegen, zum anderen in dem Versuch, diesen „Graben" durch einen etwas unkonventionellen Rückgriff auf die neutestamentlichen Quellen in Frage zu stellen. Zunächst meine drei Thesen zur fundamentaltheologischen Kritik, die ich hier an einigen Punkten noch etwas deutlicher darzustellen versuche. In den beiden ersten Thesen geht es um den *Sinn* des Osterglaubens, in der dritten These um die Frage nach seinem *Grund*, genauer nach seiner Deckung durch geschichtliche Fakten.

3. Die fundamentaltheologische Fragwürdigkeit des „Ostergraben-Paradigmas"

3.1 Der „Ostergraben" im Lichte der Religionskritik

Meine erste These: Die Kategorie „Auferweckung" bzw. „Auferstehung" kann heute nicht mehr als Schlüsselbegriff für letzte Sinnerwartung verständlich gemacht werden, wenn erst *nach dem Tode Jesu* Gott den für den Glauben an seine letztgültige Selbstmitteilung entscheidenden Offenbarungsakt gesetzt hat.

Was wird durch eine im Anschluß an den Tod Jesu gleichsam „von oben nachgeschobene" Manifestation göttlicher Herrlichkeit eigentlich gewonnen? Es resultiert ein merkwürdiges Amalgam, eine, wie mir scheint, gefährliche Mischung von zwei ganz unterschiedlichen Gottesvorstellungen. Eine ganz und gar neue, erstmalig vom Kreuz Jesu her mögliche Gotteserkenntnis verbindet sich hierdurch mit dem alten Gottesbild eines machtvoll thronenden Herrschers, wie es sonst die Religionsgeschichte bestimmt und auch noch den Glauben Israels dominiert. „Das Grab ist leer, der Held erwacht." „Erschalle laut, Triumphgesang!" – so klingt es

---

[10] Erstmals skizziert in: Christologische Brennpunkte, 1. Aufl., Essen 1977, dann in einigen weiteren Beiträgen – wie in der 2. Aufl. des Bändchens, Essen 1985, 135–144, kurz berichtet – näher präzisiert. Vgl. auch meine Besprechungen des o. a. Buchs von H. Kessler, in: ZKTh 108 (1986) 70–74, des zitierten Beitrags von L. Oberlinner, in: ThRv 82 (1986) 305–308 und der Fundamentalchristologie von K.-H. Ohlig: ZKTh 109–110 (1988), H. 3. Einen präzisen Überblick über die Positionen R. Peschs und meinen eigenen Ansatz gibt *John P. Galvin*, The Origin of Faith in the Resurrection of Jesus: Two Recent Perspectives, in: TS 49 (1988) 25–44.

in Osterliedern. Ist bei einer solchen Sicht von Auferstehung und ihrer Manifestation die Lebenshingabe Jesu am Ende nicht doch nur ein Zwischenspiel, das sich die zweite göttliche Person in „hypostatischer Union" mit einer menschlichen Natur leistet? (Im Rückhalt bleiben die beiden anderen Personen, und nach dem Karfreitag wird auch die zweite Person heimgeholt in den nie ernsthaft angefochtenen Glanz ewiger Herrlichkeit.) Was ist eine solche Erniedrigung des göttlichen Logos bis zum Tode am Kreuz – so wäre etwa mit Ludwig Feuerbach zu fragen – dem gegenüber, was ein Mensch aufs Spiel zu setzen vermag: sein einziges, einmaliges Leben, mit nichts in petto – nicht einmal einem Freifahrschein in den Himmel, der den christlichen Märtyrern, oder einer einbehaltenen Mantelhälfte, die St. Martin blieb?

Oder, im Anschluß an Albert Camus: Selbst wenn im Nachhinein zum Tode Jesu Gott den geschundenen Gerechten durch einen Hoheitsakt inthronisiert; im Marionettentheater der Weltgeschichte gibt es damit doch nur ein unschuldiges Opfer mehr. Mit nachträglichen glanzvollen Inthronisierungen bringt man einen Ivan Karamasoff nicht davon ab, sein „Eintrittsbillet in die ewige Harmonie" zurückzugeben. Dies ist zu teuer erkauft mit den Tränen der Unschuldigen. Als alles darauf ankam, an jenem furchtbaren Balken, war nichts von Gott wahrzunehmen. Wie will er uns dann klarmachen, daß es *seine Liebe* ist, die alles wendet – nicht bloß seine souveräne österliche Geste, die menschliche Liebe belohnt? Wenn die österliche Erfahrung von Kraft und Herrlichkeit etwas anderes wäre als reine Entfaltung dessen, was der Hingang Jesu bis in seinen letzten Schrei hinein vorzeigt, so setzte sich unsere Gotteserkenntnis letztlich doch wieder zusammen aus der Torheit des Kreuzes und einer ganz anderen Erfahrung von Macht, die die Selbstoffenbarung Gottes am Kreuz zu einem Vorläufigen abstempelt. Die entscheidende Frage heißt: Wird das, was der Christ letztlich über Kraft und Herrlichkeit weiß, im Vollbringen jener Liebe selbst sichtbar, die stärker ist als der Tod, oder bedarf es darüber hinaus einer nachträglichen Demonstration, daß solcher Hingang „bei Gott angekommen" ist?

3.2 Inkarnation oder Inspiration?

Die zweite These: Wenn Gott erst *nach dem Tode Jesu* den für den Glauben an seine letztgültige Selbstmitteilung entscheidenden Offenbarungsakt gesetzt hat, dann wird der Glaube an die Inkarnation des göttlichen Wortes unterhöhlt.

Die soeben im Anschluß an moderne religionskritische Fragen angestellten Erwägungen legen sich im Grunde bereits vom Zentrum der frühen kirchlichen Christologie her nahe. Gegenüber der gnostischen Vorstellung von einem Scheinleib Jesu, den das Gottwesen gleichsam als Maskerade angenommen habe, hat die frühe Kirche zäh am Grunddogma der Inkarnation festgehalten: Gott hat es vermocht, sein ganzes Wesen „im Fleische" zu offenbaren, d.h. in jener ohnmächtigen Spanne menschlichen Lebens zwischen Empfängnis und Tod, die der Christus mit uns allen gemein hat. Hätte man den ausschlaggebenden Grund für den Glauben an die Endgültigkeit der Selbstmitteilung Gottes erst in Ereignissen *nach* dem Tode Jesu zu suchen, dann würde der entscheidende Offenbarungsakt doch wieder von der In*karnation* in Richtung In*spiration* verschoben. Diese Feststellung scheint mir mit Blick auf alle oben genannten Vertreter des „Ostergraben-Paradigmas" zuzutreffen, ob man nun – mit R. Bultmann – an einen reinen Akt österlicher Geistmitteilung denkt oder – wie etwa Pannenberg und Kessler – die Manifestation eines verklärten Geist-Leibs vor Augen hat.

Daß diese grundlegende Frage in der Theologiegeschichte nie in aller Schärfe durchreflektiert wurde, hat vermutlich mit der Eigenart der johanneischen Jesus-Darstellung zu tun. Auf der einen Seite ist offensichtlich, daß nach dem vierten Evangelisten das Kreuz die Stunde der Verherrlichung und in dieser Stunde „alles vollbracht" ist. Auf der anderen Seite trägt, bei allem klaren Anti-Doketismus, den der vierte Evangelist setzt, sein im Fleische wandelnder Jesus doch in die Richtung des Doketismus weisende Züge, ist das „homousios hēmin", das „gleichen Wesens mit uns", bei einer unbefangenen Lektüre nur schwer nachvollziehbar. Wie im Blick auf das erste Paradigma vermerkt, ist in solchem Vorstellungshorizont der Übergang vom „irdischen Jesus" zum sich in österlicher Herrlichkeit zeigenden Christus ein fließender. Die christologisch entscheidende Frage nach dem Ernst der Inkarnation als entscheidendem Offenbarungsakt Gottes konnte in der Theologiegeschichte darum immer wieder quasi-monophysitistisch verdrängt werden. Anders ausgedrückt: Weil Inkarnation bis hin zu Chalcedon und darüber hinaus wesentlich onto-theologisch, unter der Frage nach dem Seinsbestand zweier Naturen in Jesus reflektiert wurde, blieb die fundamentaltheologische Frage unbeantwortet im Hintergrund, *in welchem Geschichtsakt* Gott sich den Menschen *letztgültig vernehmbar* gemacht hat.[11]

---

[11] Ein schönes Beispiel für den latenten Doketismus in der dominierenden theologischen Tradition findet sich bei Thomas v. A. Im Dritten Teil der „Summa

3.3 Zwei Klassen von Offenbarungsempfängern?

Die dritte These: Wenn Erscheinungen des Auferstandenen nach dem Karfreitag den ausschlaggebenden Grund für den Glauben an Gottes letztgültige Offenbarung in Jesus Christus bilden, dann bleibt das von Kierkegaard im Anschluß an Lessing aufgeworfene Problem der „Jünger erster und zweiter Hand" unlösbar. Die ersten Jünger hätten sich noch durch eigene Wahrnehmung (wie Thomas, der Zweifler, durch „Nachfassen") überzeugen können. *Wir* wären auf bloße Berichte über jene behauptete Basisevidenz verwiesen, Berichte, die bestenfalls wahrscheinlich sind, wie alles historisch Dokumentierte. Kann aber eine Evidenz mit bloßem Wahrscheinlichkeitscharakter den Legitimationsgrund für eine Existenzentscheidung mit Unbedingtheitscharakter abgeben? Anders liegen die Dinge, wenn nicht erst in Ereignissen nach dem Karfreitag, sondern bereits mit dem abgeschlossenen „Hingang" Jesu (als Kurzformel für sein ganzes, „proexistentes" Leben) der zureichende Grund für den Glauben zu sehen ist. Dann würde der Basisevidenz der Jünger – die in der Konfrontation mit diesem „Hingang" gegeben war – auf unserer Seite ebenfalls die Erfahrung eines Hingangs korrespondieren: die Konfrontation mit dem Zeugnis derer, die in ihrem Leben und Sterben Jesu todverschlingenden Tod gegenwärtig machen. Der Qualitätsunterschied zwischen Jüngern erster und zweiter Hand fällt auf diese Weise dahin, weil der Weg in den Glauben für alle gleich weit ist. Vor den Ernstfall gestellt, müssen wir entscheiden, ob sich unsere Angst durch eine solche Hingabe des Lebens entmachten läßt oder ob es zusätzlicher Zeichen „von oben" bedarf.

Dieser Zugang unterscheidet sich von der durch Kierkegaard und der Kerygmatheologie angebotenen „Gleichzeitigkeit" dadurch, daß er wirklich eine Verantwortung vor der historischen Vernunft impliziert, nicht bloß eine methodisch inadäquate historische Rückfrage nach Jesus und

---

theologiae" (qu. 44, art. 2) stellt er sich die Frage: „Waren die Wunder Christi, die er an Himmelskörpern wirkte, angemessen?" Der dritte Einwand lautet, es wäre für Christus angemessener gewesen, während seines Lebens und seiner Lehrtätigkeit solche Wunder zu wirken, als bei seinem Tod. Die Antwort: „Gerade dann mußte die Gottheit Christi besonders durch Wunder bewiesen werden, als die Schwachheit seiner menschlichen Natur am meisten hervortrat. Deshalb erschien auch bei der Geburt Christi ein neuer Stern am Himmel. [...] Beim Leiden aber trat noch mehr die Schwäche der menschlichen Natur Christi zutage. Deshalb mußten noch größere Wunder an den wichtigsten Leuchten der Welt zu sehen sein. [...]"

seiner Auferstehung zurückweist. Im Grunde nehme ich hier ein bekanntes Argument auf, das die ganze Geschichte christlicher Glaubensverantwortung durchzieht: In der Bereitschaft der Zeugen Christi zur Hingabe ihres Lebens wird uns die Entmachtung des Todes durch Jesus selbst transparent. Dieser „Beweis der Kraft" ist das wirkmächtigste aller Wunder.[12] Nur wird in der Tradition nicht kritisch gefragt, welches der entscheidende Ort göttlicher Selbstmanifestation ist, die hier und jetzt in der Lebenshingabe der Zeugen vermittelt wird: Sind es die von Jesus gewirkten Wunder, die Gestirnsveränderungen bei seinem Tode, die Erscheinungen des Auferstandenen – oder ist es schlicht das „Fleisch" Jesu, d.h. die Geschichte des irdischen Jesus bis in seinen Gott verherrlichenden Tod, die sich bleibend als todentmachtend erweist?

4. Zum Zeugnis der Schrift

4.1 Die Osterzeugnisse der Evangelien

Ich habe eingangs die fundamentaltheologische Frage nach dem *Grund*[13] des Osterglaubens von der historischen nach der *Entstehung* dieses Glaubens abzugrenzen versucht. Diese Unterscheidung macht auch einen anderen Zugang zum Zeugnis der Schrift notwendig als die historisch-kritische Frage nach den frühesten Schichten der neutestamentlichen Überlieferung mit dem von dorther unternommenen Versuch, die für die Entstehung des Osterglaubens relevanten Ereignisse im Leben des irdischen Jesus (wie z.B. R. Pesch und K.-H. Ohlig) oder unmittelbar danach (wie W. Pannenberg, H. Kessler u.a.) zu rekonstruieren. Nur im Mich-Einlassen auf die Kette der Jesu todentmachtenden Tod in ihrem eigenen Hingang transparent machenden Zeugen werde ich „gleichzeitig" mit dem entscheidenden Grund des Osterglaubens, d.h. kann der Lessingsche Graben zwischen bloß wahrscheinlichen Berichten und dem unbedingten Engagement des Glaubens überbrückt werden. Der für den

---

[12] Vgl. etwa Origenes, Ca. Celsum II, 56. 77, aber auch Thomas v. A., CG I, 6 – im Kontrast mit STh I, q. 105, a. 8, und dem o.a. Text STh III, q. 44, a. 2 ad 3.

[13] Dabei noch einmal zwischen „Sachgrund" und „Erkenntnisgrund" zu unterscheiden (H. Kessler), ist *fundamentaltheologisch* nicht adäquat (wohl aber dogmatisch, im Hinblick auf die trinitarische Entfaltung des Ereignisses), da es hier bei der Frage nach dem zureichenden Grund des Osterglaubens um die zur Glaubwürdigkeit hinreichende *Evidenz* geht, der Sachgrund also ein Erkenntnisgrund ist – vgl. zu Kessler meine Besprechung, in: ZKTh 108 (1986) 72.

Glauben ausschlaggebende Grund läßt sich dann aber nicht in Abstraktion vom Akt des Zeugnisses selbst finden, und d.h. hinsichtlich des Rückgangs auf das neutestamentliche Zeugnis: nicht unter Absehen von der jeweiligen Theologie der innerkirchlich als maßgebend („kanonisch") anerkannten Autoren, die redaktionskritisch zu ermitteln ist.[14]

Welche Auskunft geben nun die neutestamentlichen Autoren über den Grund des Osterglaubens? Keinem der Evangelisten zufolge ist das Bekenntnis zur Erhöhung bzw. Gottessohnschaft Jesu erst durch Erscheinungen des Auferstandenen ermöglicht.

Nach der Darstellung des *Matthäus* eilen die Frauen schon vor dem ersten Erscheinen des Herrn mit Furcht und großer Freude vom Grabe, um den Jüngern die Auferstehung Jesu zu verkündigen (28,8). Auch die Erscheinung des Auferstandenen auf dem Berg in Galiläa (28,16–20) ist nicht als ein Geschehen thematisiert, das „erst den Ostergraben überbrückt".[15] Im *Johannes*evangelium heißt es vom Lieblingsjünger, daß er schon angesichts des leeren Grabes zum Glauben an die Auferstehung gemäß den Schriften fand, die die Jünger bis dahin noch nicht verstanden hatten (20,8f).[16] Nach dem Evangelisten *Lukas* werden die Frauen am Grabe hart getadelt: „Was sucht ihr den Lebenden bei den Toten!" (24,5) – ähnlich wie dann die Emmausjünger wegen ihrer Unverständigkeit und Herzensträgheit (angesichts der Voraussagen der Propheten über Leiden und Erhöhung des Messias) von Jesus gescholten werden, noch bevor er sich ihnen zu erkennen gibt (24,25–27). Ihr Glaube bleibt weit hinter dem des reuigen Schächers am Kreuz zurück (23,42f).

Das paradoxeste Osterbild vermittelt *Markus*. Den Verkündigungsauftrag des Grabesboten mißachtend, fliehen die Frauen voll Angst und Entsetzen vom Grabe (16,8). In der Konfrontation mit dem Todesschrei Jesu am Kreuz hatte aber schon der heidnische Hauptmann das Bekenntnis zur Gottessohnschaft dieses Menschen abgelegt (15,39). Daß es sich hier nach der Intention des Evangelisten um ein vollgültiges Bekenntnis zu Christus – mit dem in diesem Evangelium zentralen Hoheitstitel – handelt, wird heute, soweit ich die Diskussion übersehe, kaum noch bestritten.

Bei aller Verschiedenheit der Darstellung lassen sich die in den Evangelien

---

[14] Vgl. Christologische Brennpunkte (s. Anm. 10), Teil A, und meinen Beitrag „Die historische Rückfrage nach den Wundern Jesu", in: TThZ 90 (1981) 41–58.

[15] Vgl. *A. Sand*, Das Evangelium des Matthäus, das Evangelium der Kirche, in: Forum kath. Theol. 1 (1985) 61–67, bes. 65.

[16] Zu der Ansicht, daß es sich hier noch nicht um einen vollen Osterglauben handle, vgl. meine Bemerkungen in der Anm. 10 genannten Rezension, in: ThRv 82 (1986) 308.

berichteten oder angekündigten (so wahrscheinlich Mk 16,7) Erscheinungen des Auferstandenen nicht im Sinne eines zur Legitimation Jesu unabdingbar gewordenen Neueingreifens Gottes interpretieren. Bei Lukas und Johannes erwecken sie eher den Eindruck einer Konzession an die Schwäche eines Glaubens, der eigentlich schon angesichts des Vollbringens von Jesu Lebenswerk auf dem Hintergrund der alttestamentlichen Geschichte am Platze gewesen wäre. Diesen „rechtzeitigen" Glauben macht Markus am Beispiel eines Menschen, der nicht zur etablierten Kirche gehört, thematisch. Aber auch die anderen Evangelisten relativieren theologisch den zeitlichen Abstand zwischen Karfreitag und Ostern. In diesem Sinne wird man den merkwürdigen „Auferweckungsbericht" in Mt 27,52f, aber auch die Verbindung von Karfreitag und Ostermorgen durch das Mt 27,51.54; 28,2 erwähnte „Beben" zu verstehen haben. Über den Hinweis auf das „Heute" des Paradieses in Lk 23,43 hinaus finden wir auch schon bei Lukas eine terminologische Zusammenfassung des gesamten Geschehens von der Kreuzigung bis zur Himmelfahrt („exodus" 9,31, „analēmpsis" 9,51), die dann noch deutlicher der vierte Evangelist mit dem Begriff der „Erhöhung" vornimmt (Joh 3,14; 8,28; 12,32f).

Klammern wir zunächst einmal das Osterzeugnis des Paulus aus, so sehe ich aufgrund der Darstellung in den Evangelien auch nach den genannten Beiträgen von H. Kessler und L. Oberlinner keine Veranlassung, meine Ansicht zu revidieren, daß zwar de facto der Glaube an die Auferweckung bzw. Auferstehung Jesu wohl erst im Zusammenhang mit besonderen Widerfahrnissen nach der Kreuzigung und dem Begräbnis Jesu zustande kam, de iure aber der hinreichende Grund für den Glauben an die Letztgültigkeit der Selbstoffenbarung Gottes in Jesus bereits mit dem Abschluß des Erdenlebens Jesu gegeben war.

Auch meiner Ansicht nach gehen die im Neuen Testament berichteten Erscheinungen des Auferstandenen auf wirkliche Erfahrungen von Jüngern Jesu zurück. Ich halte diese Erfahrungen allerdings nicht für notwendig, um das Scheitern von Jesu Mission, sondern nur, um das Scheitern eines kleinmütigen Glaubens zu überwinden. Dies scheint mir der entscheidende Streitpunkt in der gegenwärtigen Diskussion: ob das „Scheitern am Kreuz" eine christologische oder eine ekklesiologische Kategorie ist.

Mit E. Schillebeeckx (der allerdings noch andere, schwer damit zu vereinbarende Interpretationen der Erscheinungen gibt[17]) kann man die

---

[17] Vgl. Jesus. Die Geschichte von einem Lebenden, Freiburg ³1975, bes. 335–340 mit ebd. 576 und mit ders., Christliche Identität und kirchliches Amt. Plädoyer für den Menschen in der Kirche, Düsseldorf 1985, 47f.

österlichen Widerfahrnisse vielleicht als Bekehrungserlebnisse verstehen. Oft halten Angst oder „Herzensträgheit" die Kraft eines Ereignisses zunächst zurück, das mächtig genug ist, die eigene Existenz von Grund auf umzustürzen. Es kann dann Stunden, Tage, manchmal Jahre dauern, bis sich ein solches Ereignis schließlich doch in einem Erleben Bahn bricht, das wie der Einschlag eines Blitzes empfunden wird. Wenn man die neutestamentlich berichteten Erscheinungen des Auferstandenen analog zu einem solchen hinausgedrängten Bekehrungsvorgang verstehen darf, so werden sie damit nicht zu österlich halluzinierten Fiktionen entwertet, sondern als Durchbruch des wirklich erfahrenen Siegs Jesu über den Tod begriffen. Nur daß es dabei nicht um eine Zusatzinformation zu dem geht, was Jesu Leben und Sterben offenbar gemacht haben, sondern um die Macht dieser Hingabe selbst, die man zunächst aus Angst vor den persönlichen Konsequenzen zurückzudrängen versucht hatte.

4.2 Die Ostererfahrung des Paulus

Der Verweis auf Erscheinungen des Auferstandenen in 1 Kor 15,5–8 hat seit Jahrzehnten die Aufmerksamkeit der Exegeten am meisten beansprucht. Hier findet sich nicht nur das literarisch früheste Dokument dieser Art, das zudem schon vorher geformtes Traditionsgut wiedergibt. Dadurch, daß Paulus die früheren Erscheinungen mit der von ihm selbst erfahrenen in eine Reihe bringt, bezieht darüber hinaus hier an der einzigen Stelle im Neuen Testament ein Augenzeuge zu diesem Phänomen Position.

Gerade damit ergeben sich nun allerdings beträchtliche Probleme für den fundamentaltheologischen Gebrauch dieses Zeugnisses, sofern man Ostererscheinungen als die für den Glauben letztlich ausschlaggebende Erkenntnisbasis wertet. Denn die Zusammenfassung von offenbar doch recht verschiedenartigen Phänomenen (Einzelbegegnung, Massenmanifestation) unter der einen Klammer des „ōphtē" läßt vermuten, daß Paulus dies für einen ziemlich dehnbaren Begriff hält. Die größte Schwierigkeit ergibt sich aber im Hinblick auf die zentrale Rolle, die man im allgemeinen den Erscheinungen als Identifizierung von irdischem Jesus und österlichem Herrn zuspricht. Gerade das Moment, daß hier Augenzeugen im erhöhten Herrn den irdischen Jesus wiedererkannten, kann für Paulus, der aller Wahrscheinlichkeit nach dem irdischen Jesus nie begegnet ist, nicht zentral sein. Mit Rücksicht auf den irdischen Jesus ist dieser

Apostel, der solchen Wert darauf legt, in die Reihe der ursprünglichen Zeugen des Auferstandenen zu gehören, „Schüler zweiter Hand".

Wenn dennoch auch für Paulus das „ōphtē" jene entscheidende Identität, die Erhöhung gerade des *Gekreuzigten*, vermittelt – und zwar in einer solchen Weise, daß der Apostel seine gesamte Predigt als „Wort vom Kreuz" versteht (1 Kor 1,18; vgl. 2,2) –, wie ist dies denkbar, ohne abstruse Vorstellungen zur Hilfe zu nehmen (etwa von der Erscheinung eines stigmatisierten Verklärten, der behauptet, er sei identisch mit dem irdischen Jesus)? So wenig die Apostelgeschichte in ihren Berichten ein historisches Protokoll darstellt, so richtig dürfte sie doch den hier entscheidenden Sachverhalt wiedergeben. Die Erscheinung des Auferstandenen vermittelt dem Apostel nicht einfach eine neue, „postkarnale" Evidenz „von oben" mit Bezugnahme auf eine geschichtliche Wirklichkeit, von der er bislang nur auf dem Wege historischen Berichtens Kenntnis hatte. Sie erschließt ihm vielmehr den Sinn einer ihm schon vorher zuteilgewordenen „karnalen" Erfahrung, gegen deren Wahrheit er sich bislang gewehrt hatte. Das „Saul(us), Saul(us), warum verfolgst du mich?" (Apg 9,4; 22,6; 26,14) läßt seine Erfahrung mit den verfolgten Zeugen Jesu zum Durchbruch kommen, an denen Jesu Sieg über den Tod transparent wird, oder, in des Apostels eigenen Worten: Gemeinde wird ihm als „Leib Christi" (ohne Artikel, vgl. 1 Kor 12,27[18]) auf den Leib Christi durchsichtig, der durch seinen Tod zur umfassenden Heilssphäre für alle Menschen geworden ist (vgl. 2 Kor 5,14; Röm 7,4; 1 Kor 15,22).

4.3 Das Kreuz als Gottesurteil über Jesus?

Unter Berufung auf Dtn 21,23b wird heute, wie oben erwähnt, häufig den Jüngern geradezu das theologische Recht bestritten, angesichts des Kreuzes noch weiter an die Vollmacht Jesu zu glauben.[19] Hier scheint mir ein einzelnes Schriftwort zu sehr aus dem Integral der Glaubenserfahrung Israels herausgerissen, in der authentische Prophetie und Verfolgung bis zum Tode fast gleichbedeutend geworden waren. Vor allem das sog.

---

[18] Vgl. den (im Hinblick auf den ekklesiologischen Aspekt des paulinischen Leib-Christi-Begriffs) vorzüglichen Beitrag von *H. Merklein*, Entstehung und Gehalt des paulinischen Leib-Christi-Gedankens, in: Im Gespräch mit dem dreieinen Gott. FS für W. Breuning. Hrsg. v. A. Böhne u. H. Heinz, Düsseldorf 1985, 115–140.

[19] Vgl. *H. Kessler*, Sucht (s. Anm. 4) passim, bes. 106f, 240; *L. Oberlinner*, Kreuz (s. Anm. 5) 83.

vierte Gottesknechtslied bot dem Leser der Schriften eine deutliche Gegeninstanz zu Dtn 21,23. Auch den zu Tode gebrachten Gottesknecht hielt man ja zunächst für einen, den Gott selbst getroffen und gebeugt hat (vgl. Jes 53,4). In Wahrheit aber war er es, durch den Gott sein Heilswerk an den Sündern vollbrachte. Die Frage, wann zuerst in der Urkirche (oder gar von Jesus selbst) auf den Sühnetod nach Deuterojesaja zurückgegriffen wurde, ist gewiß kontrovers. Unbestreitbar scheint mir aber, daß die Interpretation des Todes Jesu in diesem Horizont zumindest für die paulinische, markinische und johanneische Theologie zentral ist und, obschon von anderen Perspektiven überlagert, auch Teil der Botschaft bei Matthäus und Lukas bleibt. Die Ansicht, daß erst aufgrund von Ostererscheinungen die Gottesknechtstheologie auf Jesus applikabel wurde,[20] vermag mich nicht zu überzeugen.

Die Verschärfung des „Ostergrabens" in der beschriebenen Form trägt vor allem aber wohl doch zu wenig dem „Sprachspiel" Rechnung, auf das sich einzulassen Jesus von seinen Hörern unerbittlich forderte. Hätte der vom irdischen Jesus erhobene Anspruch erst nach dem „offensichtlichen Scheitern seiner Mission" die eigentliche Legitimation erfahren, so geriete der von Jesus geforderte Glaube in eine eigentümliche Ambivalenz, die christologisch auch durch ein nachträgliches Eingreifen des Vaters nicht saniert werden kann. „Folget mir nach!" „Verlasse alles, was du hast!" „Jeder, der sich zu mir bekennt vor den Menschen, zu dem wird sich auch der Menschensohn bekennen vor den Engeln Gottes." Erlauben solche Worte einen Glauben auf Probe, sozusagen als Arbeitshypothese, bis die eigentlichen Zeichen nachgeliefert werden? Nimmt man die von Jesus noch unmittelbar vor seinem von ihm erwarteten, gewaltsamen Tode bekräftigte Sendungs- und Siegesgewißheit hinzu, wie sie in dem allgemein für authentisch gehaltenen Wort Mk 14,25 festgehalten ist, dann scheint mir für die Annahme einer sich dem Jünger Jesu aufdrängenden Interpretation des Kreuzes als Gottesurteil gegen Jesus nicht mehr viel Plausibilität übrig zu bleiben.

Machen wir gleichsam eine Probe aufs Exempel. Vor kurzem, so heißt es, wurde in Archiven des Vatikans ein für unseren Zusammenhang höchst interessanter alter Bericht entdeckt. Diesem Bericht zufolge war Judas Thaddäus zwar zunächst mit den anderen Jüngern Jesu in der Gründonnerstagnacht geflohen, noch am Morgen des Karfreitags aber allein nach

---

[20] Vgl. P. *Fiedler*, Probleme der Abendmahlsforschung, in: ALW 24 (1982) 190–223, bes. 198, 204; A. *Vögtle*, Offenbarungsgeschehen und Wirkungsgeschichte. Neutestamentliche Beiträge, Freiburg 1985, bes. 147 Anm. 20, 159.

Jerusalem zurückgekehrt. Von Freund und Feind unerkannt, habe er von fern die Kreuzigung Jesu beobachtet (so daß er weder die letzten Worte Jesu noch das Bekenntnis des römischen Hauptmanns verstand und auch in seiner Aufregung die gar nicht so weit von ihm entfernt dastehenden Frauen nicht wahrnahm). Sogleich danach habe er sich den Behörden gestellt, sich zu Jesus bekannt und sei dann ohne öffentliches Aufheben unverzüglich hingerichtet worden. – Ich hatte noch keine Gelegenheit, dieser Sache historisch nachzugehen (man sagt, der Text sei der Kirche von jeher so unangenehm gewesen, daß sie ihn immer geheimgehalten habe). Als Fundamentaltheologe drängt sich mir aber die Frage auf: Wäre das Bekenntnis dieses Jüngers im Hinblick auf die für den Glauben zu fordernden Gründe als unvernünftig oder gar theologisch verdächtig anzusehen? Vielleicht darf ich diese Frage an die Exegeten weitergeben.

Die Auferweckung Jesu:
Gottes „eschatologische Tat"?

Die theologische Rede vom Handeln Gottes und die historische Kritik

von

Jürgen Werbick

1. Das Problem

Kann man – und in welchem Sinne kann man – davon reden, daß Gott die Ostererfahrung der Jünger durch sein Handeln hervorgerufen habe? Hat er an Jesus Christus gehandelt, ihn – als den „Erstling der Entschlafenen" – von den Toten auferweckt und es ihm so ermöglicht, seinen Jüngern als der schlechthin Lebendige zu begegnen? Ist die Auferweckung Jesu in diesem Sinn Anbruch der Eschata, der letzten, alles entscheidenden Taten Gottes? Oder hat Gott an den Jüngern Jesu gehandelt: indem er sie zu dem Glauben kommen ließ, daß Jesu Gotteserfahrung unüberholbar authentisch ist, daß seine Botschaft von der nahegekommenen Gottesherrschaft auch durch den Schmachtod ihres Verkünders nicht ungültig geworden war? Oder ist die Kategorie „Gott handelt" selbst mythologisch und für das historisch-kritisch aufgeklärte Bewußtsein sinnlos, so daß sie übersetzt werden müßte in die Rede davon, Menschen hätten sich in der Nachfolge Jesu zum wahren, „eigentlichen" Leben bekehrt? Diese Fragen stehen seit mehr als vierzig Jahren im Mittelpunkt der Diskussion um die Osterereignisse. Inzwischen ist deutlich geworden, daß sich mit der Antwort auf diese Fragen nicht nur das Verständnis der Botschaft von der Auferweckung Jesu wie auch seiner „Wunder", sondern das Verständnis der Offenbarung und der „Heilsgeschichte" und schließlich das Gottesverständnis selbst entscheidet. Faßt man den Gesichtspunkt „Gott handelt" ins Auge, so ist die Auferweckung Jesu zweifellos der Ernstfall der Wunderproblematik;[1] sie ist aber auch der Ernstfall der Offenbarungsproblematik, sofern sich – nach herkömmlichem Verständnis – Gott an ihr in schlechthin unüberholbarer Weise als der *Gott Jesu Christi* erweist: als der Gott, der die Sünder annimmt, „der die Toten lebendig macht und das Nichtseiende ins Sein ruft" (Röm 4,17). *Hans Kessler* faßt diesen Zusammenhang in die prägnante Formel: „Die Auferweckung Jesu bildet *das alles entscheidende Handeln Gottes,* durch das er sich selbst endgültig offenbart und die Wende der Endzeit herbeiführt."[2]

---

[1] Vgl. *I. Broer,* „Der Herr ist wahrhaft auferstanden" (Lk 24,34). Auferstehung Jesu und historisch-kritische Methode. Erwägungen zur Entstehung des Osterglaubens, in: L. Oberlinner (Hrsg.), Auferstehung Jesu – Auferstehung der Christen (QD 105), Freiburg–Basel–Wien 1986, 39–62, hier 40f, bzw. *Chr. Hartlich,* Historisch-kritische Methode in ihrer Anwendung auf Geschehnisaussagen der Hl. Schrift, in: ZThK 75 (1978) 467–484, 467.

[2] *H. Kessler,* Sucht den Lebenden nicht bei den Toten. Die Auferstehung Jesu Christi in biblischer, fundamentaltheologischer und systematischer Sicht, Düsseldorf 1985, 284 (Hervorhebung von mir).

Dem steht *Christian Hartlichs* entschiedene These gegenüber, Geschehnisaussagen „heiliger", von Gott selbst gewirkter Geschichte seien „grundsätzlich unverifizierbar und insofern unter dem Gesichtspunkt dessen, was tatsächlich geschehen ist, für den Historiker wertlos".[3] Kann die Aussage, Gott habe an Jesus Christus gehandelt, indem er ihn von den Toten auferweckte, für den Glaubenden bedeutsam sein, auch wenn sie „für den Historiker wertlos" ist? Oder kann die Rede von „Gottes Handeln" (an Jesus Christus, aber auch an anderen Menschen) – im Widerspruch zu Hartlichs These – auch vor dem Forum der historischen Kritik gerechtfertigt werden?[4] Ein Durchgang durch die Problemgeschichte soll den Versuch einer Antwort auf diese Fragen vorbereiten helfen.

2. Gottes Handeln und der Naturzusammenhang

Mit der Ausbildung der naturwissenschaftlichen Weltanschauung schien der religiöse Glaube auf einen „Lückenbüßergott" zurückgeworfen, der – als „übernatürliche Kausalität" – immer seltener und schließlich überhaupt nicht mehr gebraucht wird, um unbegreifliche Vorgänge und scheinbar einzigartige Phänomene „rational" zu erklären. Zwar versuchte die kirchliche Apologetik des 18. und des 19. Jahrhunderts unverdrossen, die übernatürliche Verursachung einer Reihe von Offenbarungsereignissen mit dem Hinweis auf die Zuverlässigkeit der Zeugen und die Unerklärlichkeit des von ihnen Bezeugten sicherzustellen. Die Schwäche dieses Arguments aber lag auf der Hand. *Hume* und *Lessing* haben sie schonungslos aufgedeckt: Wenn das Bezeugte ins Reich des Außerordentlichen und Erstaunlichen gehört und wenn ihm in der gegenwärtigen Erfahrungswelt nichts Analoges entspricht, so müßte die Zuverlässigkeit des Zeugnisses zweifelsfrei feststehen; ja, seine Zuverlässigkeit müßte die Unwahrscheinlichkeit des Bezeugten überwiegen. In Humes Formulierung: „Berichtet mir jemand, er habe einen Toten wieder aufleben sehen, so überdenke ich gleich bei mir, ob es wahrscheinlicher ist, daß der Erzähler trügt oder betrogen ist oder daß das mitgeteilte Ereignis sich wirklich zugetragen hat. Ich wäge das eine Wunder gegen das andere ab,

---

[3] *Chr. Hartlich,* Historisch-kritische Methode (s. Anm. 1) 471.
[4] Zum problemgeschichtlichen Hintergrund der These Hartlichs vgl. auch: *Chr. Hartlich – W. Sachs,* Der Ursprung des Mythosbegriffs in der modernen Bibelwissenschaft, Tübingen 1952.

und je nach der Überlegenheit, die ich entdecke, fälle ich meine Entscheidung und verwerfe stets das größere Wunder."[5] Das größere Wunder ist allemal das Eingreifen Gottes in den Lauf der Natur; und so fällt es leichter, anzunehmen, der Zeuge habe sich getäuscht, als sich auf die Zuverlässigkeit eines Zeugnisses von schlechterdings Außergewöhnlichem und Unerklärlichem zu verlassen.

Die gegenwärtige Erfahrung spricht entschieden gegen die Annahme eines wunderbaren Eingreifens Gottes in den Lauf der Natur. Was der aufgeklärte Philosoph und Naturwissenschaftler in der Welt erfährt, das ist ein Kontinuum von Ursachen und Wirkungen, das er zwar nicht bis ins Unendliche hinein rekonstruieren kann, auf dessen prinzipielle Rekonstruierbarkeit er aber ganz selbstverständlich vertraut. Dieser Naturzusammenhang hat keine Lücken; er ist in sich geschlossen, auf ewige Gesetze gegründet, die keine Ausnahme zulassen. Liegt es dann nicht nahe, diesen Naturzusammenhang als ganzen auf Gott zurückzuführen bzw. gar mit Gott zu identifizieren? Diese Konsequenz zieht *Spinoza*. Der Ewigkeit und Unveränderlichkeit Gottes entspricht es, Gott nicht im Ungewöhnlichen und Unerklärlichen, sondern in der ewigen Notwendigkeit und Wahrheit jener Ordnung am Werk zu sehen, die der Mensch staunend mit seinem Verstand nachvollziehen kann.[6] So sind Gottes Ratschlüsse und Anordnungen, seine Werke nichts anderes als die „Ordnung der Natur"; und daraus folgt als hermeneutische Grundregel: „Wenn die Schrift sagt, dies oder jenes sei von Gott verursacht oder mit Gottes Willen geschehen, so versteht sie darunter in Wahrheit nichts anderes, als daß es entsprechend den Gesetzen und der Ordnung der Natur geschehen sei, aber nicht, wie das Volk meint, daß die Natur so lange zu wirken aufgehört habe oder daß ihre Ordnung zeitweise unterbrochen gewesen sei."[7] Die Naturgesetze sind „so vollkommen und fruchtbar …, daß ihnen weder etwas hinzugefügt noch etwas von ihnen weggenommen werden kann"[8]; sie ordnen den Weltzusammenhang vollkommen nach Gottes Willen und sind deshalb selbst der Inbegriff seines Wirkens.

Aber kann Gottes Wirken einfachhin mit einem nach Naturgesetzen

---

[5] *D. Hume,* Untersuchung über den menschlichen Verstand, dt. Hamburg 1964, 135; vgl. *G. E. Lessing,* Über den Beweis des Geistes und der Kraft, in: Gesammelte Werke, Bd. 8, Berlin/Ost 1956, 9–14, 10f.

[6] Vgl. *B. Spinoza,* Tractatus Theologico-Politicus, hrsg. von G. Gawlick und F. Niewöhner, Werke lateinisch und deutsch, Bd. 1, Darmstadt 1979, 201 (Kap. 6).

[7] Ebd. 209.

[8] Vgl. ebd. 225.

ablaufenden Weltzusammenhang identifiziert werden? Ist dieser „autonome" Weltzusammenhang ein Automatismus, der alle Abläufe erfaßt und bestimmt, so daß für ein spezielles göttliches Eingreifen, aber darüber hinaus auch für die menschliche Freiheit kein Raum mehr bliebe? Wer für die menschliche Freiheit optiert, der wird dem Menschen die Möglichkeit offenhalten müssen, seine Ziele in der Welt zu realisieren, sich der Naturgesetze und der von ihnen bestimmten natürlichen Abläufe zu bedienen, um seinen Intentionen in der Welt Geltung zu verschaffen. Muß man dann nicht aber auch Gott zugestehen, daß er nicht nur durch die eherne Notwendigkeit der Naturgesetze, sondern als freies Subjekt in der Geschichte handelt und daß er natürliche Abläufe in den Dienst eines geschichtlichen Heilsplanes stellt? Der Weltprozeß darf offenbar nicht als voll determinierter Ablauf vorgestellt werden, auch wenn alles, was in ihm geschieht, nach Naturgesetzen erklärbar ist. – *Immanuel Kant* hat diesem widersprüchlichen Befund in seiner praktischen Philosophie Rechnung getragen und deutlich gemacht, daß in sich gesetzlich bestimmte Abläufe zugleich Mittel sein können, mit denen ein freies Handlungssubjekt ein von ihm gesetztes Ziel zu erreichen sucht.

3. Die Verborgenheit des göttlichen Handelns

Auch Gott kann – so Kant in seinen religionsphilosophischen Vorlesungen – „zu gewissen Begebenheiten, die er, um einer desto größeren Vollkommenheit des Ganzen willen, sich als Zweck zu erreichen vorgesetzt hat, die Natursachen bloß als Mittel gebrauchen, die von ihm selbst zur Hervorbringung dieser oder jener Begebenheit angewandt werden". Kant spricht hier sogar von „Ausnahmen von den Regeln der Natur", die nötig sein könnten, „weil Gott sonst nach dem gewöhnlichen Laufe derselben (der Natur) viele und große Absichten nicht würde in's Werk richten können". Aber er warnt zugleich davor, „ohne weitere Anleitung bestimmen zu wollen, ob eine solche außerordentliche Lenkung Gottes *in diesem oder jenem Falle* stattgefunden habe".[9] Diese Vorsicht ist nötig, „damit wir nicht zum Behufe der faulen Vernunft das von Gott, als einer unmittelbaren Ursache, herleiten, was bei geschärftem Nachdenken von uns selbst als eine Naturwirkung eingestanden werden müßte".[10] Die

---

[9] *I. Kant*, Vorlesungen über die philosophische Religionslehre, hrsg. von K.H.L. Pölitz, Leipzig [2]1830, 211.
[10] Ebd. 212.

theoretische Vernunft ist darauf verpflichtet, alle Phänomene nach Naturgesetzen zu erklären; sie kann eine göttliche Disposition nicht als Erklärungsgrund heranziehen, weil sie sich sonst auf eine „übersinnliche Erfahrung" beziehen müßte, „welche unmöglich ist".[11] Sofern ein Phänomen erklärbar ist – und die theoretische Vernunft ist dem Postulat lückenloser Erklärbarkeit verpflichtet –, kann es nicht als Ergebnis göttlichen Handelns angesehen werden. Der zunächst noch unerklärliche Rest des Zufälligen und Absonderlichen stellt das Erkennen vor eine Aufgabe, die es vielleicht jetzt noch nicht, aber gewiß irgendwann einmal bewältigen wird, wenn es sich dieser Aufgabe nicht – als „faule Vernunft" – entzieht. Unerklärlichkeit (Zufälligkeit) ist jedenfalls für Kant kein Hinweis auf göttliches Handeln.

Auch die praktische Vernunft rechnet nicht mit einem göttlichen Handeln, welches dem Menschen etwa die ihm auferlegte Pflicht erleichtern oder Vergebung für begangene Sünden gewähren würde. Der Mensch weiß sich in seiner Vernunft dem Sittengesetz verpflichtet; also kann er dieser Verpflichtung genügen, ohne sich nach einem übernatürlichen Beistand umsehen zu müssen.[12] Weder für die theoretische, noch für die praktische Vernunft hat also der Begriff eines Handelns Gottes konstitutive Bedeutung; gleichwohl läßt sich auch nicht ausschließen, daß Gott in der Geschichte handelt und spricht. Solches Handeln und Sprechen wäre für den Menschen freilich nicht sicher als solches erkennbar, da es „schlechterdings unmöglich ist, daß der Mensch durch seine Sinne den Unendlichen fassen, ihn von Sinnenwesen unterscheiden und ihn woran *erkennen* solle".[13] Wenn auch die Göttlichkeit einer Offenbarung „nie durch Kennzeichen, welche die Erfahrung an die Hand gibt, eingesehen werden" kann, so läßt sich doch prüfen, ob eine behauptete Offenbarung sich in „Übereinstimmung mit dem (befindet), was die Vernunft für Gott anständig erklärt".[14] Widerlegt wäre eine Offenbarungsbehauptung mit dem Nachweis, daß das Offenbarte „dem moralischen Gesetz zuwider ist".[15] Ist dieser Nachweis nicht zu führen, stellt sich vielmehr heraus, daß

---

[11] Vgl. *I. Kant*, Der Streit der Fakultäten, in: Akademieausgabe, Bd. VII, 47.

[12] Vgl. *ders.*, Die Religion innerhalb der Grenzen der bloßen Vernunft, in: Akademieausgabe, Bd. VI, 50: „Denn wenn das moralische Gesetz gebietet: wir sollen jetzt bessere Menschen sein, so folgt unumgänglich: wir müssen es auch können." Deshalb verfährt der Vernünftige so, „als ob alle Sinnesänderung und Besserung lediglich von seiner eignen angewandten Bearbeitung abhinge" (ebd. 88).

[13] Der Streit der Fakultäten, a.a.O., 63.

[14] Vgl. ebd. 46.

[15] Vgl. ebd. 63.

die behauptete Gottesoffenbarung den Grundsätzen der praktischen Vernunft vollkommen entspricht, so kann eine göttliche Offenbarung hier nicht ausgeschlossen, freilich auch nicht als tatsächlich geschehen bewiesen werden.

Mit dieser Überlegung folgt Kant dem Gedankengang der von ihm beifällig aufgenommenen frühen Schrift Fichtes „Versuch einer Kritik aller Offenbarung" von 1792. *Fichte* deduziert hier einen vernünftigen Begriff von Offenbarung und untersucht die Kriterien und Voraussetzungen, von denen her entschieden werden muß, ob einer konkreten historischen Erscheinung der Titel „Offenbarung" zuerkannt werden *kann*. Widerspruchsfrei denkbar ist eine göttliche Offenbarung, sofern sich ihre Annahme mit den Grundprinzipien der theoretischen und der praktischen Vernunft vereinbaren läßt. So ist zuerst zu klären, ob „etwas außer der Natur eine Kausalität in der Natur" haben könne.[16] Was nach Gesetzen der Natur geklärt werden kann, kann zugleich als von einem freien Subjekt intendiert (gesetzt) angenommen werden; und es bedarf nicht einmal der Unerklärlichkeit eines Phänomens nach Gesetzen der Natur, um es als von einer übernatürlichen (göttlichen) Kausalität hervorgebracht zu denken. Fichte resümiert: „So wenig es dem dogmatischen Verteidiger des Offenbarungsbegriffs erlaubt werden dürfe, aus der Unerklärlichkeit einer gewissen Erscheinung aus Naturgesetzen auf eine übernatürliche Kausalität, und wohl gar geradezu auf die Kausalität Gottes zu schließen, ebensowenig sei es dem dogmatischen Gegner desselben zu verstatten, aus der Erklärbarkeit eben dieser Erscheinungen aus Naturgesetzen zu schließen, daß sie weder durch übernatürliche Kausalität überhaupt, noch insbesondere durch Kausalität Gottes möglich seien." Diese Frage darf nicht nach theoretischen Prinzipien, sie muß „moralisch", nach Prinzipien der praktischen Vernunft, erörtert werden.[17]

So ist auch der Begriff der Offenbarung im Kontext der praktischen Vernunft zu entwickeln. Von Offenbarung kann hier gesprochen werden als „von einer durch übernatürliche Kausalität von Gott in der Sinnenwelt hervorgebrachten Wirkung, durch welche er sich als moralischen Gesetzgeber ankündigt".[18] Dieser „Ankündigung" bedarf es, wenn die Menschheit „so tief in moralischen Verfall geraten (ist), daß sie nicht anders zur Sittlichkeit zurückzubringen ist, als durch Religion, und zur Religion

---

[16] Vgl. *J. G. Fichte*, Versuch einer Kritik aller Offenbarung, hrsg. von H. Verweyen, Hamburg 1983, 66.

[17] Ebd. 71.

[18] Ebd. 33.

nicht anders, als durch die Sinne".[19] Einer solchen im Sinnlichen ver-
strickten, für die Stimme des Gewissens taub gewordenen Menschheit
muß Gott in der *Sinnenwelt* gegenübertreten und kraft seiner Heiligkeit
Gehorsam gegen seinen Willen – gegen das Sittengesetz – abfordern.
Gottes fordernde Heiligkeit kann in der Sinnenwelt geschaut werden an
einem „ganz heiligen Wesen", in dem „wir die Übereinstimmung mit dem
Gesetze nicht mehr bloß erblicken als etwas, das sein *soll*, sondern als
etwas, das *ist*"; in dem wir „die Notwendigkeit, so zu sein, dargestellt"
sehen.[20] Diese sinnliche Erfahrung kann die in ihrer Sinnlichkeit befange-
ne Menschheit an ihre Berufung erinnern und zur Befolgung des Sittengesetzes herausfordern; allein darin liegt der Sinn jeder möglichen Offenbarung. Einer bestimmten empirischen Gegebenheit kann also nur dann der
Titel „Offenbarung" zugesprochen werden, wenn die empirische Voraussetzung, die Offenbarung notwendig macht (die Verstrickung der
Menschheit in die bloße Sinnlichkeit), als gegeben angenommen werden
darf und wenn die behauptete Offenbarung dem auf diese Notwendigkeit
für die Erweckung zur Sittlichkeit hin formulierten Begriff der Offenbarung möglichst vollkommen entspricht. Freilich: auch in diesem Fall steht
nur fest, daß eine historische Erscheinung Offenbarung *sein kann*, nicht
daß sie es wirklich sei. Das tatsächliche Gegebensein einer Offenbarung
müßte – als empirisches Faktum – von der theoretischen Vernunft sicher-
gestellt werden; die übernatürliche Verursachung einer historischen Erscheinung kann aber nach den Prinzipien der theoretischen Vernunft
niemals erwiesen werden. So ergibt sich, „daß über die Wirklichkeit einer
Offenbarung schlechterdings kein Beweis weder für sie, noch wider sie
stattfinde, noch je stattfinden werde"; oder nach einer Anmerkung Fichtes aus der Schlußzusammenfassung: „Anerkennung einer Offenbarung
aus theoretischen Gründen ist unmöglich; ... Anerkennung einer Offenbarung um einer Bestimmung des Begehrungsvermögens willen (also im
Kontext der praktischen Vernunft; J.W.), d.i. ein Glaube an Offenbarung, ist möglich".[21]
Kant und Fichte verbindet, daß sie – gegen die zeitgenössische Apologetik
– die Erkennbarkeit eines offenbarenden Handelns Gottes in der Geschichte ausschließen. Sie schließen jedoch nicht aus, daß in einer bestimmten Ereignisfolge Gott als der Handelnde geglaubt werden könne,
sofern von diesem Handeln gesagt werden darf, daß es in Übereinstim-

---

[19] Vgl. ebd. 57.
[20] Vgl. ebd. 48.
[21] Vgl. ebd. 109 bzw. 119.

mung mit dem Gottesbegriff und das heißt hier konkret: in Übereinstimmung mit der Bestimmung des Menschen zur Moralität, zur Eingliederung ins Reich Gottes steht.[21a] Fichte leitet darüber hinaus Kriterien ab, an denen diese Übereinstimmung zu überprüfen wäre. Bei ihm wird jedoch noch deutlicher als bei Kant, daß der eigentlich kritische Punkt des Gedankengangs im Nachweis einer zumindest bedingten Notwendigkeit eines göttlichen (Offenbarungs-)Handelns in der Geschichte liegt. Diese Notwendigkeit war ja in der Aufklärungsphilosophie bestritten worden; um ihre Herausarbeitung ging es in den großen theologischen Entwürfen des 19. Jahrhunderts, soweit sie sich der Herausforderung durch die Aufklärungsphilosophie stellten.

4. Gottes Handeln in Jesus Christus als Affektion des frommen Selbstbewußtseins

Die Notwendigkeit eines göttlichen Handelns in der Geschichte ließ sich entwickeln, wenn man plausibel machen konnte, daß der Mensch sich eben nicht – wie der „Rationalismus" vorauszusetzen schien – aus eigener Kraft der Verstrickung in die Sinnlichkeit – in die Sünde – zu entziehen vermag, daß er auf *Erlösung* angewiesen ist, um zu seiner sittlichen Bestimmung gelangen zu können. Die Frage ist nur, wie nach Kant noch von Erlösung gesprochen werden kann. *Schleiermacher* revidiert die Kantschen Voraussetzungen, indem er „über" theoretischer und praktischer Vernunft eine grundlegende Rezeptivität des endlichen (menschlichen) Geistes postuliert. Der Mensch ist nicht zuerst bzw. allein der erkennend Entwerfende und der sein Wollen Bestimmende, er ist vielmehr zuerst der, der sich seiner „schlechthinnigen Abhängigkeit" unmittelbar (fühlend) bewußt ist und sich in dieser Abhängigkeit ebenso unmittelbar auf den schöpferischen Gott bezogen fühlen kann.[22] Dieses

---

[21a] Nach Fichtes „Anweisung zum seligen Leben" besteht die „wirkliche und wahre Religiosität" freilich „in dem innigen Bewusstseyn, dass Gott in uns wirklich lebe und thätig sey, und sein Werk vollziehe" (Fichtes Werke, hrsg. von I. H. Fichte, Bd. 5, Nachdruck Berlin 1971, 473). Dieser Anweisung folgte, wie sich zeigen wird, die große evangelische Theologie des 19. Jahrhunderts auf ihre Weise: Gott handelt am und im einzelnen Menschen, und er ist tätig, wo er ihm an Jesu kräftigem Gottesbewußtsein Anteil gibt (Schleiermacher), wo er ihn – im Spruch des Gesetzes – verurteilt und gleichwohl gnadenhalber – im Evangelium – freispricht (W. Herrmann).

[22] Vgl. *F. Schleiermacher*, Der christliche Glaube, siebente Auflage, hrsg. von M. Redeker, Berlin 1960, § 4, Bd. I S. 23 ff; die folgenden Verweise im Text

unmittelbare Bewußtsein (Gefühl) ist bestimmbar (affizierbar); und die Frömmigkeit ist – nach Schleiermacher – zu beschreiben als jene Bestimmtheit des Gefühls (bzw. Gemüts), des unmittelbaren Selbstbewußtseins, worin der Mensch sich seiner schlechthinnigen Abhängigkeit (seiner Gottesbeziehung) klar bewußt ist. Alle Glaubenssätze „sind Auffassungen der christlich frommen Gemütszustände in der Rede dargestellt" (§ 15, I S. 105); sie beziehen sich auf „Tatsachen des frommen Selbstbewußtseins" (§ 29, I S. 161). Zu den Tatsachen des frommen Selbstbewußtseins gehört vor allem, ja in bestimmtem Sinne ausschließlich, die Einwirkung der erlösenden Ursächlichkeit Jesu Christi auf das im Bewußtsein der Sünde gefangene Gemüt des Menschen. Vom Erlöser kann „nichts ihn Betreffendes als eigentliche Lehre aufgestellt werden ...‚ was nicht mit seiner erlösenden Ursächlichkeit in Verbindung steht und sich auf den ursprünglichen Eindruck, den sein Dasein machte, zurückführen läßt" (§ 29, I S. 163). Dieser „ursprüngliche Eindruck" ist für das fromme Selbstbewußtsein gegenwärtige Wirk-lichkeit; und er wirkt auf die Gläubigen so, daß er sie „in die Kräftigkeit" des „Gottesbewußtseins" Jesu Christi, ihres Erlösers, aufnimmt (§ 100, II S. 90). Darin liegt also die Erlösungstätigkeit Jesu Christi: Seine historische Erscheinung wirkt so auf die Gläubigen aller Zeiten, daß der Erlöser ihnen durch diese Wirkung auf ihr frommes Selbstbewußtsein die Kräftigkeit seines Gottesbewußtseins mitteilt, sie von der Knechtschaft der Sinnlichkeit und der Sünde befreit und sie – als ihr Versöhner – „in die Gemeinschaft seiner ungetrübten Seligkeit" aufnimmt (§ 101, II S. 97), so daß sie als Weltüberlegene in der Welt leben könnten. Schleiermachers Darstellung des göttlichen Erlösungshandelns in Jesus Christus hat ihr Grunddatum in dieser „Stiftung eines neuen, ihm und uns gemeinsam, in ihm ursprünglichen, in uns aber neuen und von ihm ausgehenden Lebens" (§ 100, II S. 94); und sie macht deutlich, daß alle erlösende Tätigkeit Christi von dem „Sein Gottes in ihm" ausgeht, ja vielmehr nur „als eine Fortsetzung jener personbildenden göttlichen Einwirkung auf die menschliche Natur" anzusehen ist, die Christus selbst hervorgebracht hat (vgl. § 100, II S. 91f.). In Christus ist durch göttliche Einwirkung jenes Vorbild des selig auf Gott Bezogenen erschienen, in dem Gott selbst sich offenbart; jenes Urbild, dem sich der Gläubige in der Gemeinde annähern kann, weil es seinerseits erlösend auf sein frommes Selbstbewußtsein einwirkt. In Jesus Christus hat Gott gehandelt, denn sein „eigentümlicher geistiger Gehalt ... kann nicht aus

---

vermerken den Paragraphen der Glaubenslehre und die Seitenangabe nach der Ausgabe von Redeker.

dem Gehalt des menschlichen Lebenskreises, dem er angehörte, erklärt werden, sondern nur aus der allgemeinen Quelle des geistigen Lebens durch einen schöpferischen göttlichen Akt, in welchem sich als einem absolut größten der Begriff des Menschen als Subjekt des Gottesbewußtseins vollendet" (§ 93, II S. 38). Jesus Christus ist – als das in der Geschichte erschienene Urbild frommen Selbstbewußtseins – das „geistige Gesamtwunder", das „durch alle Kräfte der uns bekannten geistigen Natur nicht hätte können verrichtet werden" (§ 103, II. S. 117); seine Sendung gilt Schleiermacher als „das *eine* Wunder", das freilich den Zweck hat, „wiederherzustellen, was die freien Ursachen, aber in ihrem eignen Gebiet, nicht in dem des Naturmechanismus und auch nicht gegen den von Gott ursprünglich geordneten Verlauf geändert haben" (§ 47, I S. 236).

Dieses „geistige Gesamtwunder", die Wirkung Jesu als „Quelle eines ... in der Kräftigkeit des Gottesbewußtseins sich immer steigernden Gesamtlebens" (§ 92, II S. 37) setzt die Ursache-Wirkung-Zusammenhänge der Natur nicht außer Kraft; insofern ist Christus auch „das Ende der Wunder", soweit sie als naturwidrige Mirakel den Glauben begründen sollen (vgl. § 103, II S. 116 f). Aber zu fragen bleibt noch, wie das Wunder des in Jesus Christus Mensch gewordenen Urbildes, das die Christen „anzieht", ergreift und zu wahrem, seligen Gottesbewußtsein erstarken läßt, in den Gesamtzusammenhang der Geschichte eingegliedert ist. Wie soll man es verstehen, wenn Schleiermacher davon spricht, daß Christus als der „Anfang des Reiches Gottes ein Übernatürliches sei, welches aber, so wie es in die Erscheinung tritt, ein Natürliches werde" (§ 100, II S. 95)? Schleiermacher sucht das göttliche Handeln (in Jesus Christus) in der Sphäre des überwältigenden Eindrucks auf, den das Person gewordene Urbild auf das unmittelbare Selbstbewußtsein der Menschen macht; aber er bestimmt diese Sphäre ganz von den „Tatsachen des frommen Selbstbewußtseins" her, eben als die „Quelle" des kräftigen Gottesbewußtseins der Gläubigen. Es wird – über das Postulat des Person gewordenen Urbilds hinaus – nicht deutlich, wie Jesus als historische Person diese Quelle sein konnte und immer noch sein kann. Das Wirkende ist die Idee (das Urbild), hinter ihr verschwindet die historische Person, in der sie Wirklichkeit geworden sein soll. Dann ließe sich aber doch wieder nicht eigentlich von einem geschichtlichen Handeln Gottes, sondern nur vom Wirksamwerden einer Idee reden.

Die Unklarheiten, die hier bleiben, zeigen sich besonders deutlich in Schleiermachers Stellungnahme zur Bedeutung der *Auferweckung* Jesu. Die Tatsachen der Auferstehung wie der Himmelfahrt Christi können nach Schleiermacher „nicht als eigentliche Bestandteile der Lehre von seiner Person aufgestellt werden", weil sie nicht zu den Tatsachen des frommen Selbstbewußtseins zählen, aufgrund derer es sich in die beseligende Lebensgemeinschaft mit seinem Erlöser aufgenommen weiß (§ 99, II S. 82). Sie werden nur angenommen, „weil sie geschrieben stehen …, so daß der Glaube an dieselben unmittelbar und ursprünglich mehr zur Lehre von der Schrift gehört als zur Lehre von der Person Christi" (II S. 84). So ist es nicht mehr sinnvoll, vom Handeln Gottes am Gekreuzigten zu sprechen. Von Gottes Handeln kann ja nur im Hinblick auf die Wirkungen geredet werden, auf die sich das fromme Selbstbewußtsein der Gläubigen zurückführt; genau genommen sogar nur im Hinblick auf jenen schöpferischen Akt, durch den Gott das „geistige Gesamtwunder" Jesus Christus wirkt und das Urbild geschichtliche Wirklichkeit werden läßt, so daß es auf die Menschen erlösend und versöhnend wirken kann. Mit dieser Zurücknahme der anstößigen Rede vom „Wunder" und von „Gottes Handeln" auf die Inkarnation – die Gegenwärtigsetzung des Urbilds im Menschen Jesus Christus – scheint sich Schleiermacher all jenen Verlegenheiten entziehen zu können, die der Gedanke eines Eingreifens Gottes in natürliche Gegebenheiten mit sich bringt. Aber er vernachlässigt damit zugleich die geschichtliche Konkretheit der Person Jesus Christus, seiner Botschaft und seines Geschicks; und er muß sich bald schon fragen lassen, ob die von ihm ja übernommenen Einwände gegen die einzelnen Wunder nicht mit noch größerem Recht gegen das „geistige Gesamtwunder" der Personwerdung des Urbilds vorgebracht werden müssen.

5. Kompromißlose Wunderkritik

David Friedrich Strauß behaftet Schleiermacher bei der Halbheit seiner Wunderkritik. Die Kritik habe nicht nur der Vorstellung einer Durchbrechung des Naturzusammenhangs, sondern auch der einer qualitativen Diskontinuität im Geschichtszusammenhang zu gelten: „Eine Unterbrechung des Naturzusammenhangs *und* der Entwicklung der Menschheit durch unmittelbares Eingreifen Gottes anzunehmen, hieße allem vernünftigen Denken entsagen."[23] So ist auch die Vorstellung des in einer einzelnen historischen Gestalt erscheinenden Urbildes – des „geistigen

---

[23] *D. F. Strauß*, Das Leben Jesu, kritisch bearbeitet, Bd. 2, Tübingen ¹1835, 704 (die Seitenangaben im Text beziehen sich auf dieses Werk).

Gesamtwunders" bei Schleiermacher – vernunftwidrig: „Wie aber weder ein Individuum, noch insbesondere ein geschichtlicher Anfangspunkt zugleich urbildlich sein kann: so will auch, Christum bestimmt als Menschen gefaßt, die urbildliche Entwicklung und Beschaffenheit, welche ihm Schleiermacher zuschreibt, mit den Gesetzen des menschlichen Daseins sich nicht vertragen" (717). Strauß' Konsequenz ist bekannt. Nicht in der einzelnen geschichtlichen Person Jesus Christus ist die Idee (das Urbild) geschichtliche Wirklichkeit geworden; vielmehr wird sie es in der Gesamtgeschichte der menschlichen Gattung, die sich in ihrer Geschichte zu wahrer Gottmenschheit erhebe; denn: „Das ist ja gar nicht die Art, wie die Idee sich realisiert, in Ein Exemplar ihre ganze Fülle auszuschütten, und gegen alle anderen zu geizen, sondern in einer Mannigfaltigkeit von Exemplaren, die sich gegenseitig ergänzen, im Wechsel sich setzender und wiederaufhebender Individuen, liebt sie ihren Reichtum auszubreiten" (734). Die Menschengattung selbst „ist der Sterbende, Auferstehende und gen Himmel Fahrende"; ihr sind die Attribute und Funktionen zuzuschreiben, die auf den Einzelmenschen Jesus Christus bezogen einander und der Vernunft widersprechen. Dieses einzelne Individuum wurde durch seine Persönlichkeit und sein Schicksal lediglich der „Anlaß ..., jenen Inhalt in das allgemeine Bewußtsein zu erheben" (735). Der Selbstsetzungsprozeß der Menschengattung als ganzer ist die Realisierung der Idee, das Göttliche im Menschlichen; wenn wir also – so Strauß – „das Menschwerden, Sterben und Wiederauferstehen, das: duplex negatio affirmat, als den ewigen Kreislauf, den endlos sich wiederholenden Pulsschlag des göttlichen Lebens wissen: was kann an einem einzelnen Faktum, welches diesen Prozeß dazu bloß sinnlich darstellt, noch besonders gelegen sein?" (738)

Die Kategorie „Gottes (geschichtliches) Handeln" scheint endgültig ad absurdum geführt, wo ein göttliches Eingreifen nicht nur für den Natur-, sondern auch für den Geschichtszusammenhang ausgeschlossen wird; wo man das Ganze der Gattungsgeschichte vergöttlicht (verabsolutiert), jedes Einzelereignis und jede Einzelgestalt aber auf diesen göttlich-absoluten Gesamtprozeß hin relativiert. Von Gottes Handeln könnte – analog zur Problemvorgabe bei Spinoza – allenfalls noch im Hinblick auf den Gesamtprozeß die Rede sein. Aber wenn Gott nur noch so handeln sollte, daß er der menschlichen Gattungsgeschichte ihren Lauf läßt, so bestünde letztlich keine Notwendigkeit mehr, ihn von dieser Gattungsgeschichte noch zu unterscheiden; und das Reden von Gottes Handeln wäre dann nicht mehr als eine homiletische Akkommodation an traditionelle Hörgewohnheiten.

Das Urteil über die Behauptung, Jesus sei wahrhaft auferstanden, ist für Strauß schon mit der Feststellung gesprochen, sie unterstelle „ein unmittelbares Eingreifen Gottes in den gesetzlichen Verlauf des Naturlebens, wie es geläuterten Ansichten von dem Verhältnis Gottes zur Welt widerspricht" (647). In der Folge entwickelt Strauß seine bekannte Auffassung von der Entstehung des Auferstehungsglaubens durch das Fortwirken der großartigen Persönlichkeit Jesu, das die Jünger sogar dazu in die Lage versetzt habe, Leiden und Sterben als Elemente der Messianität Jesu zu begreifen, und das ihnen die Gewißheit womöglich sogar in „Gesichten" und Visionen des Auferstandenen vor Augen gestellt habe.[24] Diese sog. „subjektive Visionshypothese" läßt Gott bei der Entstehung des Osterglaubens völlig aus dem Spiel. Sie stellt aber auch den, der die Prämissen der Straußschen Kritik nicht teilt, vor die Frage, ob man historisch-kritisch hinter den unbestreitbaren Osterglauben auf ein diesen Osterglauben begründendes Handeln Gottes am Gekreuzigten und auf eine Selbstmanifestation des Auferstandenen zurückgehen, ob man also die Möglichkeit bloß „subjektiver" (psychologisch erklärbarer) Visionen mit *historischen Gründen* ausschließen könne. Wenn man – mit Strauß – diese Frage verneint, so bleibt als letztes historisches Datum der Osterglaube der Jünger, den man – angesichts der Ereignisse am Karfreitag – für durchaus überraschend, aber nicht für schlechterdings unerklärbar halten müßte. Es stellte sich dann freilich auch die Frage, ob dieser Befund dazu zwingt, die Rede vom eschatologischen, schöpferisch-auferweckenden Handeln Gottes am Gekreuzigten für obsolet zu halten; ob man Strauß also auch darin folgen muß, diese Kategorie ein für allemal als vernunftwidrig aus dem theologischen Diskurs auszuscheiden.

6. Historisch-kritische Methode und das Reden von Gottes Handeln in der Geschichte

Aus der Schleiermacher-Kritik bei Strauß lassen sich Prinzipien der historisch-kritischen Methode ableiten, die von *Ernst Troeltsch* erstmals im Zusammenhang formuliert werden. Die Historie ist – so Troeltsch im Anschluß an Strauß – „kein Ort für absolute Religionen und absolute

---

[24] Vgl. dazu: P. *Hoffmann*, Der garstige breite Graben. Zu den Anfängen der historisch-kritischen Osterdiskussion, in: Zeit und Stunde (Festschrift für A. Goergen), München 1985, 79–106, hierzu 93 ff, bzw. H. *Kessler*, op. cit.(s. Anm. 2) 161–173.

Persönlichkeiten"; mit der Herausbildung des historischen Bewußtseins sei deutlich geworden, „daß zu den individuellen und bedingten historischen Wirkungen sich unmöglich eine absolute und historisch unbedingte Ursache postulieren lasse".[25] Die historische Wissenschaft hat keinen ausgegrenzten Bezirk einer unmittelbar von Gott gewirkten „Heils-Geschichte", keine privilegierte Geschehnisreihe, in der sich etwa der „Begriff" der Religion oder das „Urbild" frommen Bewußtseins absolut-vollkommen realisiert hätte. Vielmehr fordert sie die „Anerkennung des begrenzt individuellen und des vielseitig bedingten Charakters aller historischen Erscheinungen".[26] Der Sinn der historisch-kritischen Methode liegt gerade darin, die vielfältige Bedingtheit historischer Phänomene herauszuarbeiten, um sie so in den Geschehenszusammenhang einer Epoche, eines bestimmten Zeitraums *einzuordnen* und von ihm her zu *verstehen*. Dabei beurteilt sie Überlieferungen nach dem *Prinzip der Analogie*, d.h. sie hält die in ihnen gemachten Geschehnisaussagen nur dann für zuverlässig, wenn sie nicht mit der gegenwärtigen Erfahrungswelt Unvereinbares behaupten. „Die Übereinstimmung mit normalen, gewöhnlichen oder doch mehrfach bezeugten Vorgangsweisen und Zuständen, wie wir sie kennen, ist das Kennzeichen der Wahrscheinlichkeit für die Vorgänge, die die Kritik als wirklich geschehen anerkennen oder übrig lassen kann." Troeltsch spricht von einer „Allmacht der Analogie", die die „prinzipielle Gleichartigkeit alles historischen Geschehens" einschließe; diese Gleichartigkeit sei freilich keine Gleichheit, sondern gebe den Unterschieden Raum, setze aber gerade deshalb „einen Kern gemeinsamer Gleichartigkeit" voraus, „von dem aus die Unterschiede begriffen und nachgefühlt werden können".[27]

Die Analogie beruht auf der *„Wechselwirkung"* aller Erscheinungen des geistig-geschichtlichen Lebens, wo keine Veränderung an einem Punkte eintreten kann ohne vorausgegangene und folgende Änderungen eines anderen, so daß alles Geschehen in einem beständigen korrelativen Zusammenhange steht und notwendig einen Fluß bilden muß, indem Alles und Jedes zusammenhängt und jeder Vorgang in Relation zu anderen steht". Die Historie kennt „keinen der gegenseitigen Beeinflussung und

---

[25] Vgl. *E. Troeltsch*, Die Absolutheit des Christentums und die Religionsgeschichte, Neuausgabe: München–Hamburg 1969 (Siebenstern-Taschenbuch Nr. 138) 58 f.

[26] Vgl. ebd. 60.

[27] Vgl. *ders.*, Über historische und dogmatische Methode in der Theologie, wieder abgedruckt in: G. Sauter (Hrsg.), Theologie als Wissenschaft, München 1971, 105–127, hier 108.

96

Verflechtung entzogenen Punkt";[28] sie kennt mithin nur *innergeschichtliche,* aus dem Geflecht der historischen Wechselwirkungen heraus zu bestimmende Kausalitäten. Die Prinzipien der Analogie und der Wechselwirkung ermöglichen das *kritische Verstehen* von Geschichtsüberlieferungen; ein geschichtliches Zeugnis ist insoweit verstanden, als es nach dem Kriterium der Analogie auf seine Zuverlässigkeit überprüft und in den korrelativen Zusammenhang gegenseitiger Beeinflussung und Verflechtung historischer Prozesse zur fraglichen Zeit eingeordnet ist. Die aller Erfahrung widersprechende Behauptung der Auferstehung Jesu Christi von den Toten wäre dann von der historischen Kritik nur so zu würdigen, daß sie zu klären versucht, aus welchen psychologischen, mentalitäts- und geistesgeschichtlichen Bedingungen heraus es zu dieser Vorstellung kommen konnte. Es widerspricht dem Prinzip der Analogie wie dem der Wechselwirkung, diese Vorstellung auf ein eschatologisches Handeln Gottes am Gekreuzigten und auf Erscheinungen des Auferstandenen zurückzuführen.

Ist von diesen Prinzipien her die Rede von göttlichem Handeln in der Geschichte überhaupt sinnlos? Troeltsch zieht diese Konsequenz nicht. Vielmehr glaubt er mit den großen Idealisten, daß im scheinbaren Chaos der Geschichte „sich doch von verschiedenen Seiten her die göttliche Tiefe des menschlichen Geistes offenbart, daß der Gottesglaube in allen Formen, wo er nur wirklicher Gottesglaube und nicht selbstsüchtiges Zauberwesen ist, im Kerne identisch ist, daß er aus seiner eigenen Konsequenz, und d.h. *aus der in ihm treibenden Kraft Gottes,* überall an Energie und Tiefe gewinnt, soweit es die Schranke der ursprünglichen Naturgebundenheit des menschlichen Geistes erlaubt".[29] Gott handelt, wo die „göttliche Tiefe des menschlichen Geistes" sich religiös-menschlicher Intuition erschließt; religiöse Intuition und göttliche Offenbarung können von Troeltsch nebeneinander genannt werden,[30] weil sie sich historisch-kritisch gar nicht voneinander unterscheiden lassen. Konsequenterweise muß Troeltsch eine Vielzahl von Offenbarungen und wegweisenden religiösen Intuitionen anerkennen. Im Vergleich verschiedener Phänomene des gleichen Typs religiöser Intuition kann sich dann sehr wohl herausstellen, daß eine geschichtliche Erscheinung den Sinn und die grundlegenden Intentionen dieses Typs am (relativ) vollendetsten zur Geltung bringt. So billigt Troeltsch dem Christentum eine „Höchstgel-

---

[28] Vgl. ebd. 108f.
[29] Ebd. 122f (Hervorhebung von mir).
[30] Vgl. ebd. 114.

tung" zu, insofern es der historischen Forschung „als Höhepunkt aller bisherigen Religion und als Boden und Voraussetzung jeder kräftigen und klaren Religiosität der Zukunft" erscheine und die Wahrscheinlichkeit nicht dafür spreche, daß es von einer weiterführenden Offenbarung überholt werde.[31] Die historische Kritik schließt also – nach Troeltsch – das Reden von einem (offenbarenden) Handeln Gottes nicht aus, sofern damit nicht eine bestimmte Reihe von historischen Phänomenen (die „religiösen Intuitionen") aus dem Kausalzusammenhang der Geschichte herausgelöst (Prinzip der Wechselwirkung) und eine bestimmte Ereignisfolge als – durch ihre göttliche Verursachung – schlechthin einzigartige und unvergleichliche Offenbarung dem religionsgeschichtlichen Vergleich nach dem Prinzip der Analogie entzogen werden soll. Der religionsgeschichtliche Vergleich kann dann womöglich zeigen, daß Gottes Handeln in einer bestimmten religiösen Tradition (aufgrund ihrer „tieferen" religiösen Intuitionen) eher zur Geltung kommt als in anderen, wobei jedoch die Kriterien, nach denen diese Frage zu entscheiden wäre, gewiß nicht leicht zu formulieren sind. Kann die Theologie mit diesem Zugeständnis der historischen Kritik an die Vorstellung von einem Handeln Gottes in der Geschichte leben? Kann sie – Troeltsch folgend – darauf verzichten, mit der Kategorie des „Handelns Gottes" den Anspruch zu erheben, alle als Gottes Tat angesprochenen geschichtlichen Ereignisse als schlechthin unvergleichlich („analogielos") und unableitbar (nicht vom Wechselwirkungszusammenhang der Geschichte umgriffen) zu reklamieren? Diese Fragen sind – so scheint es – immer noch nicht hinreichend durchdacht, obwohl ihre Beantwortung doch für die Theologie der Offenbarung und insbesondere für das theologische Verständnis der Osterereignisse von schlechthin grundlegender Bedeutung wäre.

7. Gottes Wirken in der Begegnung mit dem „inneren Leben Jesu"

Wilhelm Herrmann, der Lehrer Rudolf Bultmanns und Troeltschs Zeitgenosse, redet sehr viel unbefangener und direkter als dieser von „Gottes Wirken" und „Eingreifen".[32] Die Erfahrung des göttlichen Wirkens hat –

---

[31] Vgl. die Absolutheit des Christentums, 92 bzw. 102.

[32] Dafür spricht etwa die Fülle einschlägiger Belege allein in der von P. Fischer-Appelt herausgegebenen zweibändigen Sammlung von Aufsätzen (*W. Herrmann*, Schriften zur Grundlegung der Theologie, München 1966/67). Von Gottes Wirken ist hier mehr als 50mal in systematisch belangvollem Zusammenhang die Rede. Die Seitenangaben im Text beziehen sich auf diese Ausgabe.

nach Herrmann – für das Reden von Gott schlechthin grundlegende Bedeutung: „Von Gott können wir nur sagen, was er an uns tut" (II S. 314) – so lautet ein auch von Bultmann verschiedentlich zitierter Kernsatz Herrmannscher Theologie. Gott wirkt auf den Menschen in zweierlei Weise – Herrmann schließt sich hier an Luthers Unterscheidung des deus absconditus vom deus revelatus an: Als der Allmächtige und Allwirkende wirkt er verborgen in allem Wirklichen, in allem, was den Menschen angeht, anfordert, letztlich überfordert und überwältigt; so wirkt er gerade auch im Anspruch des Sittengesetzes, das den Menschen nur so zur Verwirklichung seiner sittlichen Bestimmung aufruft, daß es ihn grenzenlos überfordert und in die Verzweiflung treibt – Wilhelm Herrmann wendet sich ausdrücklich gegen den moralischen Optimismus Kants. Der verborgene Gott wirkt also zuletzt die Verzweiflung des Menschen an sich selbst und an der Welt, und er wirkt sie gerade an dem, der zur Wahrnehmung seiner sittlichen Verpflichtung erwacht ist. Aber er wirkt die Verzweiflung nur, um sich dem Menschen als die schlechthin heilsame und rettende Wirklichkeit, als die Allmacht der Güte zu offenbaren. Gott offenbart sich, indem er „uns aus Anfechtung rettet, d.h. uns aus der Verlorenheit unseres bisherigen Zustandes rettet" (I S. 125), indem er „uns unwidersprechlich so berührt und ergreift, daß wir genötigt werden, uns ihm gänzlich zu unterwerfen", indem er uns zwingt, ihm ganz und gar zu vertrauen (I S. 127f). In seiner Selbstoffenbarung „überwältigt" er uns „durch einen unwidersprechlichen Erweis seiner allmächtigen Liebe" und macht er aus einem unglücklichen einen fröhlichen und getrosten Menschen. Gottes Offenbarung ist jene „Handlung Gottes an uns selbst . . ., die uns in eine neue Existenz versetzt" (II S. 164) und uns „einen neuen Lebensanfang" gibt (II S. 176). In seiner Offenbarung erweist Gott sich – wie Herrmann in deutlichem Anklang an Schleiermacher formuliert – als „die in uns selbst das Leben schaffende Gewalt" (II S. 250).

Gottes Selbstoffenbarung ist dem Glaubenden aber durch die geschichtliche Gestalt Jesu Christi vermittelt. Er ist das „Wort Gottes, das uns wirklich als solches gewiß wird, weil es uns völlig niederwirft und uns aus dem Nichts zu einem neuen Leben ruft" (II S. 194). In ihm begegnet dem Glaubenden die Realität des Sittlichen, aber eben nicht als bloße Forderung, sondern als die in seinem Leben *erfüllte* Forderung und dadurch als Offenbarung der allmächtigen göttlichen Liebe, die uns dessen gewiß macht, „daß Gott lebt und sich unser annimmt" (I S. 169). Der geschichtliche Christus ist Grund unseres Glaubens, da er uns „den auf uns wirkenden Gott ... offenbar" macht (I S. 173), da „er uns durch die

Macht seines persönlichen Lebens Gottes Wirken auf uns erfahren läßt"
(I S. 176 f). Er ist in Person die „Heilstatsache", das „Faktum . . ., das so
gewaltig wie kein anderes in sein (des Glaubenden; J.W.) Leben eingreift"
(II S. 68), „woran uns Gottes Wirken auf uns deutlich und gewiß wird"
(II S. 198). Als diese Heilstatsache ist der geschichtliche Christus historischer Forschung nicht zugänglich; Herrmann lehnt jeden Versuch ab,
„durch historischen Beweis eine Bedeutung der Person Jesu festzulegen"
(II S. 69). Das „innere Leben" Jesu wirkt unmittelbar auf den, der sich
ihm aussetzt; es zieht ihn an und „bezwingt" ihn durch die Macht der
Person, an der Gottes Gerechtigkeit und Güte gleichermaßen offenbar
wird; es gewinnt ihm jenes Vertrauen ab, in dem der Glaubende alles, was
ihm zustößt, als Gottes verborgenes und ihm doch zugute kommendes
Handeln erfährt (vgl. II S. 236).
Der Begriff des Handelns (Wirkens, Eingreifens) Gottes ist bei Wilhelm
Herrmann – und das erweist ihn als legitimen Nachfahren Schleierma-
chers – ganz auf die Wirkungen der Begegnung mit dem „inneren Leben"
Jesu *beim Glaubenden* selbst bezogen. Ja man kann geradezu sagen,
Herrmann identifiziere Gottes Handeln vollständig mit jenen den Glau-
ben wachrufenden Offenbarungen, die den einzelnen in seiner sittlichen
Not der Allmacht der göttlichen Liebe vergewissern und ihn so *erlösen*
(vgl. etwa I S. 331), wobei außer Frage steht, daß diese Offenbarungen in
Jesus Christus ihren „Grund" haben. Davon, daß Gott in Jesus Christus
gehandelt habe, daß Gottes heilschaffendes Wirken in der Person Jesus
Christus historische Wirklichkeit geworden sei, ist bei Herrmann nirgends die Rede. Diese Konzentration des Redens vom Handeln Gottes
auf das, *was Gott an mir tut*, läßt es schließlich auch nicht zu, die
Auferweckung Jesu als Gottes Handeln am Gekreuzigten zur Sprache zu
bringen. Gottes Handeln ist hier ja dadurch definiert, daß es Glauben
weckt; gerade dies kann man von der Nachricht über die Auferweckung
Jesu nicht sagen. Sie ist nicht der Grund, sondern „Inhalt des Glaubens",
den die Glaubenden selbst „produzieren" und der den Glauben deshalb
schon voraussetzt.[33]
Wilhelm Herrmanns Konzeption ist gewiß die schlüssigste theologische
Antwort auf die bei Kant und Fichte aufgeworfene Frage nach der
Möglichkeit und der Notwendigkeit eines göttlichen Handelns im Kon-
text sittlich-vernünftiger Selbstbestimmung. Herrmann kann das „Wirken
Gottes" zum zentralen Begriff seiner Theologie machen, weil er – gegen

---

[33] Vgl. W. *Herrmann*, Grund und Inhalt des Glaubens, in: Gesammelte Aufsätze,
hrsg. von F. W. Schmidt, Tübingen 1923, 275–294.

Kant – die Möglichkeit einer vom Menschen aus eigenem Vermögen zu leistenden, sittlich-vernünftigen Selbstbestimmung bestreitet und den Menschen als den Sünder, der er immer schon ist, darauf angewiesen sein läßt, sich von Gott aus der Not sittlicher Verzweiflung erretten und zu wahrhafter Sittlichkeit befreien zu lassen. Gott handelt, indem er den Menschen durch das Geltendmachen des Gesetzes der Sünde überführt und indem er den Zunichtegewordenen zu neuem Leben ruft, ihm zur Quelle wahrhaften sittlichen („persönlichen") Lebens wird. Herrmann bleibt der Kantschen Problemstellung aber insofern verhaftet, als er den Begriff des „Wirkens Gottes" aus dem Kontext der (scheiternden) sittlichen Selbstbestimmung heraus bestimmt. Damit ist dieser Begriff der Zuständigkeit der theoretischen Vernunft – und der Wissenschaften insgesamt – entzogen. Die Wissenschaften – auch die historischen – sind blind für Gottes Handeln; Gottes Wirken wird nur ganz unmittelbar im Gefühl, im Erleben der Heilstatsache Jesus Christus wahrgenommen. Alles, was diese Unmittelbarkeit der Gefühlsbindung an den Retter Jesus Christus unterbricht – zumal die historische Rückfrage –, verhindert, daß Gott an meiner Seele handelt und sich meiner sittlichen Not annimmt. Gottes Handeln kann eben nur als die unmittelbare erlösende Wirkung auf meine Seele erlebt („gefühlt") werden.

Dieses Pochen auf Unmittelbarkeit bringt zum Verschwinden, woran die traditionelle Theologie mit ihrer Unterscheidung zwischen Christologie und Pneumatologie immer festgehalten hat: die Differenz zwischen dem gegenwärtigen Handeln Gottes an mir im Heiligen Geist und seinem *Gehandelthaben* in Jesus Christus, seinem Sohn. Mit der Einziehung dieser Differenz bei W. Herrmann (wie ja auch schon bei Schleiermacher) und – wie sich zeigen wird – in gewissem Sinne auch bei Herrmanns Schüler Rudolf Bultmann verliert die Rede von Gottes eschatologischer Tat an Jesus Christus, dem Gekreuzigten, ihren Sinn, und es kann auch nicht mehr hinreichend zur Geltung kommen, daß Gottes gegenwärtiges Handeln durch sein Gehandelthaben in der Geschichte Jesu Christi vermittelt ist. Die Unmittelbarkeit des Erlebens tilgt alle Vermittlungszusammenhänge und versetzt das erlöste Ich in ein ewiges Jetzt jenseits der Geschichte.

8. Ist die Rede von Gottes Handeln mythologisch?

Zu Beginn der fünfziger Jahre haben *Rudolf Bultmann* und *Fritz Buri* eine für den gesamten Problemzusammenhang überaus aufschlußreiche Diskussion darüber geführt, ob es auch innerhalb einer dem Entmythologisierungsprogramm verpflichteten Theologie zulässig sei, von Gottes Handeln zu sprechen, oder ob dieses Sprechen auch noch zu entmythologisieren sei.[34] In seinem programmatischen Aufsatz „Neues Testament und Mythologie"[35] von 1941 hatte Bultmann die Darstellung des Heilsgeschehens in und durch Jesus Christus, wie sie das Neue Testament bietet und hier in der Auferweckung des Gekreuzigten ihren Höhepunkt findet, dem antik-mythologischen Weltbild zugerechnet, dessen Nachvollzug dem modernen Menschen nicht mehr zuzumuten sei. Gottes Handeln erschien hier, „wenn er durch ein solches Mittel das Leben für die Menschen beschafft, in einer unverständlichen Weise verflochten mit einem Naturgeschehen" (20). Es gibt also eine mythologische Rede vom Handeln Gottes, gerade auch im Neuen Testament; man trifft sie überall dort an, wo Gottes Handeln als innerweltliche Tatsache, als die Einwirkung einer übernatürlichen Macht auf das Natur- und Geschichtsgeschehen dargestellt, wo m. a. W. vom Unweltlichen weltlich-objektivierend geredet wird. Nun macht aber die „Botschaft vom entscheidenden Handeln Gottes in Christus" die Mitte des Neuen Testaments aus (vgl. 25). Ist diese Botschaft durch und durch mythologisch, oder läßt sie sich aus ihrer neutestamentlich-mythologischen Gestalt in modernes Denken transponieren?

Für Bultmann kommt es darauf an, die Botschaft von Gottes Handeln *existential zu interpretieren*. Im Anschluß an Wilhelm Herrmann und die neukantianische theologische Tradition sieht er Gottes Handeln bezogen auf die durch die Unfähigkeit zu wahrem (eigentlichem) Existieren bestimmte Situation des Menschen. Der Mensch ist rettungslos der Welt (in der neukantianischen Tradition hieß das: der Sinnlichkeit) verfallen; und es steht für das Neue Testament fest, daß er sich „von seiner faktischen Weltverfallenheit gar nicht freimachen kann, sondern durch eine Tat Gottes freigemacht wird; und seine Verkündigung ist nicht eine Lehre über die ‚Natur', über das eigentliche Wesen des Menschen, sondern eben die Verkündigung dieser freimachenden Tat Gottes, die Verkündigung des in Christus vollzogenen Heilsgeschehens" (35). Während also die Philosophie dem Menschen seine Eigentlichkeit als existentiale Möglichkeit vorstellt und davon ausgeht, daß er sie ergreifen kann, ist die

---

[34] *F. Buri*, Entmythologisierung oder Entkerygmatisierung der Theologie; *R. Bultmann*, Zum Problem der Entmythologisierung, in: H. W. Bartsch (Hrsg.), Kerygma und Mythos, Bd. 2, Hamburg ²1965, 85–101 bzw. 179–208.
[35] Wieder abgedruckt in: Kerygma und Mythos, Bd. 1, Hamburg ³1954, 15–48. Die folgenden Seitenhinweise im Text beziehen sich auf diese Veröffentlichung.

Situation des Menschen für das Neue Testament ohne Gottes Heilstat in Jesus Christus eine durch und durch verzweifelte. Faktische Möglichkeit wird das eigentliche Existieren für den Menschen nur, „wenn er von sich selbst" – von dem sündigen Wahn, sich in der und durch die Welt selbst verwirklichen zu können – „befreit wird". Das Neue Testament verkündet als den Sinn des Christusgeschehens, „daß da, wo der Mensch nicht handeln kann" – weil er sich nicht selbst von sich selbst befreien kann – „Gott für ihn handelt, für ihn gehandelt hat" (39). Leben in Eigentlichkeit, „eschatologische Existenz" ist für den Sünder möglich geworden, weil „Gott gehandelt und der Welt als ‚dieser Welt' ein Ende gemacht hat, indem er den Menschen selbst neu machte".

Was geschieht nun aber im eschatologischen Heilsereignis Jesus Christus? In Christus hat sich „die Offenbarung der Liebe Gottes (ereignet), die den Menschen von sich selbst befreit zu sich selbst, indem sie ihn zu einem Leben der Hingabe im Glauben und in der Liebe befreit" (39). Diese Offenbarung ermöglicht eigentliches, „eschatologisches" Existieren im Glauben an die Liebe Gottes; die liebende Hingabe Gottes für uns in Jesus Christus ist jene Tat Gottes, „welche die Hingabe, welche den Glauben, welche die Liebe, welche das eigentliche Leben des Menschen erst möglich macht" (40; im Original hervorgehoben).

Gottes Handeln findet seine Zusammenfassung im Kreuz Jesu. Der Glaubende blickt freilich auf dieses Kreuz nicht wie auf ein objektiv anschaubares Ereignis, einen „mythischen Vorgang". An das Kreuz glauben heißt vielmehr, „das Kreuz Christi als das eigene übernehmen, heißt, sich mit Christus kreuzigen lassen". Christi Kreuz ist das eschatologische Ereignis, „nicht ein Ereignis der Vergangenheit, auf das man zurückblickt; sondern ... das eschatologische Ereignis in der Zeit und jenseits der Zeit, sofern es in seiner Bedeutsamkeit verstanden und d.h. für den Glauben stets Gegenwart ist" (42). Als Offenbarung der unüberwindlichen göttlichen Liebe erschließt das Kreuz „eine neue geschichtliche Dimension", freilich nur für den, dem diese Bedeutsamkeit des Kreuzes aufgeht. Ausdruck der Bedeutsamkeit des Kreuzes aber ist die Rede von der Auferstehung Christi; die Auferstehung ist kein beglaubigendes Mirakel, kein beweisbarer Vorgang. Das Osterereignis, „sofern es als historisches Ereignis neben dem Kreuz genannt werden kann", ist für Bultmann vielmehr „nichts anderes als die Entstehung des Glaubens an den Auferstandenen, in dem die Verkündigung ihren Ursprung hat" (46), die Wahrnehmung der Bedeutsamkeit des Kreuzes als eines Heilsereignisses durch die Jünger. Insofern könnte man sagen, daß Jesus Christus ins Kerygma hinein auferstanden ist.

9. Gottes Handeln als Ermöglichung eigentlichen Daseins

Fritz Buri distanziert sich von Bultmann, wo dieser sich auf die Heilstat Gottes in Christus als Ermöglichungsgrund eigentlichen Lebens beruft. Buri hält Bultmanns Rede von Gottes Handeln für einen mythologischen Rest, er stellt die These auf: „Es gibt *weder eine Möglichkeit noch eine Notwendigkeit eines Kerygmas* von einer Heilstat Gottes in Christus im Sinne der eschatologischen Mythologie des N. T.s"[36]; und dies deshalb, weil sich von den auch von Bultmann geteilten anthropologischen bzw. existentialontologischen Voraussetzungen her gar nicht nachweisen lasse, daß der Mensch nur aufgrund einer göttlichen Heilstat zu wahrem, eigentlichem Menschsein, zu wahrem Selbstverständnis kommen könne. Das *Heilsgeschehen* besteht – nach Buri – „nicht, wie Bultmann wenigstens der Philosophie gegenüber betont, in einer einmalig geschehenen Heilstat in Christus, sondern darin, daß es sich ereignen kann, daß Menschen sich in ihrer Eigentlichkeit so verstehen können, wie es im Christusmythos zum Ausdruck gekommen ist". Das Heilsereignis vollzieht sich also im „Bereich jeweiligen Selbstverständnisses – und hat sich nicht irgend einmal außerhalb desselben und unabhängig davon vollzogen" (97). Als Ereignis innerhalb des jeweiligen Selbstverständnisses ist es nicht in irgendeinem Sinne durch die „Christusmythe" ermöglicht oder begründet; wollte man dies behaupten, so verfiele man jenem christlichen „Exklusivitätswahn", der nur im Glauben an Jesus Christus die Möglichkeit zu wahrem, eigentlichem Selbstverständnis eröffnet sieht. Die exklusive Bindung an das „ein für allemal" geschehene Heilsereignis macht – so Buri – den Theologen unfähig zum Gespräch mit dem Philosophen, der aus eigener Kompetenz von eigentlichem Selbstverständnis rede, und verstellt den Blick dafür, daß „nicht außerhalb unserer Existenz, sondern in ihr ... sich das Entscheidende" ereignet (100); sie hindert daran ernstzunehmen, daß nur da, „aber da immer wieder, wo *in uns* jene unheimliche Krise des Innewerdens des in Sorge-verfallen und des in Liebe Eigentlich-werden-können sich zu unserem Heil vollzieht, ... Christus Wirklichkeit (ist), ... Christus ins Fleisch gekommen (ist) zum Sterben und Auferstehen" (99). Das ist – nach Buri – konsequente Entmythologisierung, *Entkerygmatisierung*, da hier auch das Kerygma von Gottes Heilshandeln noch existential interpretiert und das Christusereignis rückhaltlos als zu entmythologisierender Christusmythos ver-

---

[36] *F. Buri*, Entmythologisierung oder Entkerygmatisierung (s. Anm. 34) 96. Die folgenden Seitenhinweise im Text beziehen sich auf diesen Aufsatz.

standen wird: „als Ausdruck für eine besondere Art von Selbstverständnis" (99).

In der Antwort auf seine Kritiker hat *Bultmann* sein Verständnis des Handelns Gottes präzisiert.[37] Er grenzt es zunächst ab gegen das mythologische Verständnis des handelnden Gottes. Für mythisches Denken „sind die Welt und das Weltgeschehen (wie auch das Personleben des Menschen; J. W.) ‚offen'", offen nämlich „für den Eingriff jenseitiger Mächte, also durchlöchert vom Gesichtspunkt des wissenschaftlichen Denkens aus" (181). Das wissenschaftliche Denken rekonstruiert jeweils geschlossene Kausalketten und kontinuierliche Entwicklungen; der dem mythischen Denken entwachsene Mensch versteht sich selbst „als Einheit und rechnet sein Empfinden, Denken und Wollen sich selbst zu; er führt es nicht mehr, wie der Mythos, auf den Eingriff dämonischer und göttlicher Mächte zurück" (182). Für das mythische Denken ist die jenseitige Kausalität „in die Kausalkette der weltlichen Ereignisse eingefügt", als eine Macht, die Mirakel wirkt, „als weltliche Kraft gedacht und auf die Ebene weltlichen Geschehens projiziert" wird (184). Jede Rede, die in diesem Sinne „beansprucht, vom Handeln jenseitiger Mächte zu reden als von einem Handeln, das in der dem objektivierenden Blick vorliegenden Welt beobachtbar, konstatierbar ist und etwa auch als Argument für den Beweis irgendwelcher Wahrheiten dienen kann", muß deshalb als Mythologie gelten.[38]

Bultmann bestreitet, daß das Reden vom „Handeln Gottes" notwendig mythologisch sein müsse. Der Entmythologisierung geht es vielmehr gerade darum, die dem Mythos zugrundeliegende und in seiner objektivierenden Ausdrucksweise verdeckte Intention zur Geltung zu bringen, „nämlich die Intention, von der Existenz des Menschen in ihrer Begründung und Begrenzung durch eine jenseitige, unweltliche Macht zu reden, eine Macht, die dem objektivierenden Denken nicht sichtbar wird" (184). Entmythologisierende Theologie weiß Gottes Handeln als *das auf menschliche Existenz bezogene* und der objektivierend-wissenschaftlichen Betrachtung *verborgene Handeln* eines nichtweltlichen, die Zusammen-

---

[37] Das Problem der Entmythologisierung, in: Kerygma und Mythos, Bd. 2, 179–208; die Seitenhinweise im Text beziehen sich auf diesen Aufsatz, der in überarbeiteter Fassung unter dem Titel: Jesus Christus und die Mythologie, in: Glauben und Verstehen, Bd. 4, Tübingen 1965, 141–189 abgedruckt ist. Nicht mit dem erstgenannten Aufsatz identisch, aber ebenfalls einschlägig ist der Aufsatz: Zum Problem der Entmythologisierung, in: Glauben und Verstehen, Bd. 4, 128–137.

[38] Glauben und Verstehen, Bd. 4, 133.

hänge der Welt und der Geschichte nicht durch Mirakel aufsprengenden Gottes. Von Gottes Handeln reden heißt – nach Bultmann – „zugleich von meiner Existenz reden", vom Ereignis der Begegnung Gottes mit dem Menschen im Hier und Jetzt: „Dieses Ereignis, von Gott hier und jetzt angeredet, gefragt, gerichtet, gesegnet zu werden, ist gemeint in der Rede vom Handeln Gottes" (196). Deshalb ist Gottes Handeln auch kein Geschehen, „das ich bemerken kann, ohne selbst in das Handeln hineingezogen zu sein als in Gottes Handeln, ohne daß ich selbst daran teilhabe als der, an dem gehandelt wird".[39] Gottes Handeln ist so auf meine Existenz bezogen, daß es mir ein „neues Selbstverständnis schenkt", daß es meine Lebenssituation von Grund auf verändert und die Welt in ganz anderem Licht erscheinen läßt (vgl. 200), als eine Welt, in der alles mir – dem von seiner lastenden Vergangenheit Befreiten und für Gottes Zukunft Geöffneten, dem versöhnten Sünder – zum Guten mitwirken wird. Solches Handeln, solche Gottesbegegnung ist nicht als Element des Welt- und Geschichtszusammenhanges aufweisbar; es ereignet sich *nicht zwischen* weltlichem Handeln und weltlichen Ereignissen, sondern *in ihnen.* Bultmann spricht von einer *„paradoxen Identität"* von Gottes Handeln mit den weltlichen Ereignissen, „die nur hier und jetzt gegen die anscheinende Nicht-Identität geglaubt werden kann".[40] Außerhalb meines Glaubens, dem diese paradoxe Identität *verkündigt* wird, spricht nichts für sie; ich kann sie nicht beweisen, sie ist gegen den Augenschein, eben: paradox.

Zu fragen bleibt nun, ob dieser Begriff eines verborgenen, streng auf mein Selbstverständnis bezogenen Handelns Gottes noch die Möglichkeit läßt, von Gottes *Gehandelthaben* in Jesus Christus zu sprechen. Gott handelt, indem er uns zu unserem Heil begegnet; und er begegnet uns *„in seinem Wort …,* nämlich in einem bestimmten Wort, der mit Jesus Christus eingesetzten Verkündigung" (204). Das lebendige Gotteswort der Verkündigung ist – nach Bultmann – „ein in der Geschichte begegnendes" Wort, ein Wort, dessen „Ursprung ein geschichtliches Ereignis ist, durch welches das jeweilige Sprechen dieses Wortes autorisiert und legitimiert ist. Dieses Ereignis ist Jesus Christus" (205). Die Verkündigung spricht von der in Christus erschienenen Gnade Gottes als der mir geltenden Gnade; sie gründet sich darauf, daß Gott seine Liebe in Jesus Christus offenbart hat, freilich nur so offenbart *hat,* daß er sich mir in der Verkündigung je neu offenbart. Christus ist das „eschatologische Gesche-

---

[39] Ebd. 176f.
[40] Vgl. ebd. 173f (Hervorhebung von mir).

hen", das sich „immer nur jeweils in concreto (realisiert), hier und jetzt, wo das Wort verkündigt wird" (206). Als das eschatologische – ein für allemal geschehene und als solches in der Verkündigung je neu geschehende – Ereignis der Selbstoffenbarung Gottes ist Gottes Handeln in Jesus Christus kein feststellbares historisches Faktum: „Jesus von Nazaret ist der Logos Gottes nicht für den objektivierenden Blick des Historikers." Jesu Christi Gestalt und Werk dürfen „nicht als im Rahmen der Weltgeschichte stehend verstanden werden …, wenn sie als göttliche Heilstat verstanden werden sollen" (205). Das (eschatologische) Ereignis Jesus Christus ist niemals datierbare Vergangenheit, wie auch die Inkarnation als eschatologisches Ereignis „nicht ein datierbares Ereignis der Vergangenheit" ist, sondern jeweils Ereignis wird „im Ereignis der Verkündigung" (206), weshalb Bultmann dieses Verkündigungsereignis auch selbst „eschatologisches Geschehen" nennen kann.[41]

Der Begriff „eschatologisches Geschehen" ist für diesen Zusammenhang von ausschlaggebender Bedeutung. Aber man kann gewiß nicht sagen, daß er die Vermittlungszusammenhänge, in denen das Gehandelt*haben* Gottes in Jesus Christus das „eschatologische Geschehen" der mich hier und jetzt treffenden Verkündigung begründet, hinreichend deutlich macht. In der Verkündigung wird mir die Bedeutsamkeit des eschatologischen Ereignisses Jesus Christus und insbesondere seines Kreuzes zugesprochen. Aber ist dieser Zuspruch nicht die Konsequenz des an einem bestimmten geschichtlichen Ort Geschehenen und insofern auch „Datierbaren"? Das Kerygma ist Botschaft „vom entscheidenden Handeln Gottes in Christus",[42] von einem Gehandelthaben Gottes, das doch von seinem Handeln im Vollzug der Verkündigung unterscheidbar sein muß, so sehr dieses Gehandelthaben auf die Verkündigung hingeordnet ist und nur in ihr angemessen zur Sprache kommt. Das eschatologische Ereignis Jesus Christus ist kein Ereignis jenseits der Geschichte, das eben deshalb mit jedem Menschen, der es sich zusprechen läßt, gleichzeitig wäre; es ist nicht das je gegenwärtige Ende, sondern allenfalls die Vorwegereignung (W. Pannenberg) des Endes der Geschichte *in* der Geschichte, worin die Geschichte der Glaubenden mit ihrem Gott – inmitten der Geschichte – ihren Anfang nimmt. So trifft es gerade nicht zu, daß Jesus Christus und sein Werk nicht als „im Rahmen der Weltgeschichte stehend verstanden werden dürften, wenn sie als Gottes Heilstat verstanden werden sollen". Als Gottes Handeln ist die Geschichte Jesu Christi zwar nicht historisch-

---

[41] Vgl. ebd. 137.
[42] Vgl. Neues Testament und Mythologie (s. Anm. 35) 25.

kritisch erweisbar; insofern gilt Bultmanns These von der Verborgenheit des Handelns Gottes. Aber *wie* Gott handelt, das geht dem Glaubenden doch nur im Blick auf Jesu historisch feststellbare Geschichte, auf Leben, Lehre und Geschick seiner historischen Gestalt auf; insofern ist der historisch-kritische Zugang zur Gestalt Jesu für die *glaubende* Wahrnehmung des Handelns Gottes in Jesus Christus unerläßlich und aufschlußreich.

Gott handelte in Jesus Christus, an einem bestimmten geschichtlichen „Ort". Der Ungläubige wird hier nur eine – je nach seiner Sensibilität für religiöse Intuitionen – mehr oder weniger „tiefe" religiöse Erfahrung ausmachen und feststellen, daß Jesus aus Treue zu seiner religiösen Intuition starb, daß seine Jünger behaupteten, er sei auferstanden. Der Glaubende nimmt diesen Geschehensablauf als Gottes Handeln wahr, und er lernt an ihm – durch seine möglichst genaue historische Rekonstruktion –, wie Gott in Jesus Christus gehandelt hat. Weil Gott *so* gehandelt hat, deshalb weiß der Glaubende seine Situation von Grund auf verändert; im Heiligen Geist ist ihm eine grundlegend neue Existenzmöglichkeit eröffnet, jene Existenzmöglichkeit, die für ihn möglich geworden ist, weil Gott in Jesus Christus *so und nicht anders* gehandelt hat.

Ohne Klarheit in diesen Vermittlungszusammenhängen ist die Anfrage Fritz Buris nicht beantwortbar, weshalb das eigentliche (eschatologische) Existieren – das „neue Selbstverständnis" des Glaubenden – denn überhaupt durch ein Handeln Gottes begründet sein müsse; ob es nicht vielmehr jedem ernsthaft Fragenden von sich aus zugänglich sei. Gottes Handeln ist nur dann Ermöglichung eigentlichen Existierens, wenn es ein Ereignis ist, das die Situation des Menschen von Grund auf verändert, wenn es eine zuvor nicht gegebene Voraussetzung eigentlichen Existierens erwirkt. Die Voraussetzungen meines Existierens ändern sich fundamental, wenn ich – im Glauben – auf die rettende Macht der Liebe vertrauen darf und mich nicht der Übermacht des Hasses und des Todes rettungslos ausgeliefert sehen muß. Voraussetzung für mein Vertrauen auf die rettende Macht der Liebe ist aber, daß ich sie in Jesus Christus am Werk sehe, mit den Augen des Glaubens, zugegeben; aber doch so, daß ich das Gehandelthaben Gottes in Jesus Christus von meinem Glauben unterscheide, daß ich mich glaubend an Gottes Selbstoffenbarung in Jesus Christus halte und *auf diese Selbstoffenbarung hin* der Liebe Gottes den Sieg über Haß und Tod zutraue.

Jesus Christus ist der Grund meines Glaubens, weil er Quelle des Kerygmas ist – das ist Bultmanns immer wieder vorgebrachte These. Es bleibt bei ihm indes ungeklärt, *wie* das Kerygma in Jesus Christus

„entsprungen" ist. Schon die Frage nach diesem „Wie" wäre für Bultmann der unerlaubte Versuch einer historischen Absicherung des Kerygmas. Um Absicherung geht es hier aber gar nicht, vielmehr darum, die Entstehung der Verkündigung – durchaus historisch-kritisch – zu rekonstruieren. Damit wird ja der Glaube an Gottes Handeln in Jesus Christus nicht durch die Sicherstellung von Heilstatsachen legitimiert, sondern lediglich der *Entstehungszusammenhang* und der ja auf ihn bezogene *Sinn* des Kerygmas aufgehellt. Dieser Entstehungszusammenhang umfaßt nun gewiß auch die Ostererfahrungen der Jünger. Als Glaubender deute ich diesen Entstehungszusammenhang als einen Handlungsverlauf, in dem Gott selbst am Werk ist; eine Deutung, die nicht historisch-kritisch gesichert, aber vom Historiker auch nicht einfach als sinnlos abgetan werden kann. Wie gehört nun *die Entstehung des Osterglaubens* in den – als göttliches Handeln gedeuteten – Entstehungszusammenhang des Kerygmas? Hat Gott an Ostern gehandelt, indem er den Glauben der Jünger weckte und sie so zur Verkündigung ermächtigte? Oder hat Gott am Gekreuzigten gehandelt, so daß er den Jüngern begegnen und sie zur Verkündigung senden konnte? Bultmanns Begriff des „eschatologischen Ereignisses" vermag nur den zuerst genannten Zusammenhang zu fassen; eine Aussage über die Auferweckung des Gekreuzigten läßt er nicht zu, da er keine Bedingungszusammenhänge zu formulieren erlaubt, die hinter die *unableitbare* Entstehung des Kerygmas zurückreichen. Jesus Christus ist die „Quelle" des Kerygmas und als solches „eschatologisches Ereignis"; einen Grund für die Entstehung des Kerygmas kann und will Bultmann nicht angeben; das widerspräche dem Glauben selbst, der nicht als logische Konsequenz aus historischen Fakten abgeleitet werden darf. Aber auch hier wäre gegen Bultmann einzuwenden: Die Begründung des Kerygmas in Gottes Handeln am Gekreuzigten ist kein Beweis für die Wahrheit des Kerygmas; nur der Glaubende vermag ja, die Osterereignisse in Gottes Handeln am Gekreuzigten begründet zu sehen. Gleichwohl entspricht es der „inneren Logik" des Kerygmas, wie es von den Jüngern seinen Ausgang nahm, die Verkündigung des Auferstandenen in der Auferstehung des Gekreuzigten und damit in Gottes Handeln am getöteten Jesus Christus begründet zu sehen.

10. Die „Sprache der Tatsachen"

Ist diese Kritik der Kerygma-Theologie Bultmann nicht schon zu weit entgegengekommen? Sie hat ja eingeräumt, daß die Geschichte Jesu

Christi nur für den Glaubenden als durch göttliches Handeln konstituierter Geschehenszusammenhang wahrnehmbar ist, daß der Glaube seinen Grund in jener gläubigen Deutung der Lebenspraxis und des Geschicks Jesu Christi hat, wie sie in der Verkündigung zur Sprache kommt. Aber kann der Glaube sich auf Glauben gründen? Ist der in der Verkündigung sich verlautbarende Glaube an Gottes Handeln zureichender Grund meines Glaubens an den Gott, der in Jesus Christus gehandelt und sich selbst offenbart hat? *Wolfhart Pannenberg* vertritt demgegenüber pointiert die Auffassung, daß der Glaube nicht die Voraussetzung dafür sein kann, Gottes Handeln in der Geschichte (Israels und vor allem Jesu Christi) als solches wahrzunehmen. Nach Pannenberg ist „die Geschichtsoffenbarung jedem, der Augen hat zu sehen, offen"; und nicht nur der Glaubende, sondern jeder, der einigermaßen unvoreingenommen an die Ereignisse der Erwählungsgeschichte Israels und der Geschichte Jesu Christi herangeht, hat Augen, mit denen er Jahwes Geschichtshandeln sehen kann: „Was Jahwe in der Geschichte wirkt, das kann nicht als Einbildung frommer Seelen abgetan werden, sondern es geschieht vor aller Augen, und auch die ihm innewohnende Bedeutung – Jahwes Gottheit zu offenbaren – wird sich einem jeden aufdrängen."[43] Nach Pannenberg ist es deshalb auch „kaum zu umgehen", „dem Historiker die Beweislast zuzumuten, dafür, daß in Jesus von Nazareth Gott sich offenbart hat".[44]

Mutet Pannenberg der historischen Erkenntnis damit nicht zuviel zu; soll sie nicht jetzt schon leisten, „was allein Gottes Erfüllung am Ende der Zeiten schenken kann, die Anschauung der Herrlichkeit Gottes in der Niedrigkeit Jesu"?[45] Geyer meint gegen Pannenberg darauf bestehen zu müssen, daß die Grundaussage christlichen Glaubens: die Geschichte Jesu Christi ist das Ereignis der Selbstoffenbarung Gottes, ein *synthetisches Urteil* und der Rechtsgrund der Synthese nicht aus historischer Vergewisserung ableitbar sei.[46] Geyers Einwände präzisieren die Frage, um die es hier gehen muß: Was ist vom Historiker zu erwarten auf dem Weg zur Vergewisserung des Glaubenssatzes, Gott habe in Jesus Christus entscheidend (eschatologisch) gehandelt und sich selbst offenbart? Pannen-

---

[43] Vgl. *W. Pannenberg*, Dogmatische Thesen zur Lehre von der Offenbarung, in: Ders. (Hrsg.), Offenbarung als Geschichte, Göttingen ³1965, 91–114, hier 98 f.

[44] Vgl. *ders.*, Heilsgeschehen und Geschichte, in: Ders., Grundfragen systematischer Theologie (Bd. 1), Göttingen 1967, 22–78, hier 67.

[45] Vgl. *H.-G. Geyer*, Geschichte als theologisches Problem, in: Evangelische Theologie 22 (1962) 92–104, 104.

[46] Vgl. ebd. 101.

berg argumentiert hier viel differenzierter, als es die eingangs referierten Thesen vermuten lassen. Er macht klar, daß die „Sprache der Tatsachen" „nur im Kontext des Überlieferungs- und Erwartungszusammenhangs hörbar (wird), in den hinein die Begebenheiten sich ereignen".[47] Die Aufhellung dieses Überlieferungs- und Erwartungszusammenhangs – seiner „inneren Logik" – ist durchaus Aufgabe der historisch-kritischen Forschung. So kann die historische Forschung durchaus zu dem Schluß kommen, daß sich der Sinnzusammenhang dieser Überlieferungs- und Erwartungsgeschichte auf die Geschichte Jesu Christi hin konzentriert, daß er all jene Hoffnungen in sich zusammenfaßte, zu denen Israel in der Geschichte seines Jahweglaubens erwacht war, daß in ihm die endzeitliche Bestimmung der Erwählten zur den Tod und die Sünde überwindenden Lebensgemeinschaft mit Gott aufleuchtete und sich insofern „das Ende alles Geschehens vorweg ereignet" hat.[48] Die Auferweckung des Gekreuzigten ist dieses vorwegereignete Ende als *historisches Ereignis*, da in ihr der Vater den Anspruch seines Sohnes *bestätigt* hat, die Geschichte des Heilshandelns Gottes an seinem Volk zusammenzufassen und unendlich zu überbieten. Auch dieser Sinn der Auferweckung Jesu läßt sich – nach Pannenberg – historisch-kritisch nachvollziehen. Aber ist dann die Glaubensentscheidung nur noch selbstverständliche Konsequenz des historischen Urteils? Das behauptet Pannenberg m.W. nirgends ausdrücklich. Wie also „gründet" der Glaube im historischen Urteil?

Wenn es der historisch-kritischen Forschung gelingen sollte, den Sinnzusammenhang der israelitischen Überlieferungs- und Erwartungsgeschichte mit dem Christusereignis einleuchtend – wenn auch für immer weitere Präzisierung offen – herauszuarbeiten, so wäre damit das Glaubensurteil, dieser in sich konsistente und von einer nachvollziehbaren Logik bestimmte Zusammenhang sei Geschichte des Handelns Gottes – seiner sukzessiven und in Jesus Christus sich erfüllenden Selbstoffenbarung – keineswegs selbstverständlich. Der Glaube beruht vielmehr darauf, daß in mir die Überzeugung wächst, der Gott, der in der Geschichte Israels und Jesu Christi gehandelt haben soll, sei die alle Wirklichkeit und so auch meine Wirklichkeit bestimmende „letzte Instanz". So ist nicht die Überzeugungskraft historischer Ereignisse an sich Grund unseres Glaubens, sondern die Vertrauenswürdigkeit des Gottes, der sich nach dem Zeugnis der Propheten und Jünger in ihnen offenbart haben soll. Jahwe, der sich als der Gott und Vater Jesu Christi endgültig offenbart, ist für mich – so

---

[47] Vgl. Dogmatische Thesen zur Lehre von der Offenbarung (s. Anm. 43) 112.
[48] Vgl. ebd. 103.

wie er in der Geschichte Israels und Jesu Christi gehandelt haben soll –
zur schlechthin aufschlußreichen Offenbarung des Geheimnisses meines
Lebens, zum Woher, Wohin und Wozu meines Lebens geworden; und
deshalb bejahe ich die Behauptung, der Sinnzusammenhang, in welchem
dieser Gott erfahren, denkbar und verkündigbar wurde, sei der Handlungszusammenhang göttlicher Selbstoffenbarung. Pannenberg blendet
diesen Bedingungszusammenhang keineswegs völlig aus. In einer von der
Kritik meist übersehenen Anmerkung spricht er davon, die Behauptung,
im Geschick Jesu sei der eine Gott aller Menschen und Zeiten offenbar
geworden, müsse sich „nicht nur der philosophischen Reflexion, sondern
vor allem auch der alltäglichen Wirklichkeitserfahrung jeder Zeit (auf die
sich ja auch die philosophische Formalisierung des Wirklichkeitsbegriffs
jeweils bezieht) immer wieder bewähren".[49] Und das heißt doch offensichtlich, daß die als Gottes Handeln behaupteten Geschichtsereignisse
das Gehandelthaben Gottes nicht einfach selbst *beweisen*.

Dies gilt natürlich auch und gerade für die *Auferweckung* des gekreuzigten Jesus, von der Pannenberg zu Recht sagt, sie sei *Bestätigung* des
vorösterlichen Anspruchs Jesu, den Vater und den Willen des Vaters
authentisch auszulegen, durch den Vater selbst. Aber in welchem Sinn
„Bestätigung"? Sicher nicht in dem Sinn, daß diese Bestätigung für uns
den Glauben zur einfachen, zwingenden Konsequenz macht, da Gott hier
in einer umstrittenen Sache ein für allemal Klarheit schafft: für alle
Unvoreingenommenen und sauber historisch-kritisch Forschenden. Die
Ostererfahrungen galten den Jüngern als Bestätigung des vorösterlichen
Anspruchs Jesu, und zwar deshalb, weil in ihnen Gott, der Vater, als an
Jesus Christus Handelnder wahrgenommen und Jesus Christus als der
durch des Vaters Handeln Bestätigte (als der gegen die Juden und gegen
den von ihnen verhängten Tod ins Recht Gesetzte) gesehen wurde. Für
die Jünger also waren die Ostererfahrungen als Bestätigung Jesu *selbstevi-
dent*; sie wußten ihre Unsicherheit, ob der am Holz Aufgehängte von
Gott sein könne, durch die Begegnung mit dem Auferweckten überwun-
den. Diese Selbstevidenz der Ostererfahrungen setzte aber voraus, daß die
Jünger von Jesus Christus, ihrem Meister, zuvor für den Glauben an *den*
Gott gewonnen worden waren, der seinen heilschaffenden Willen gegen
Unrecht und Tod durchsetzen und deshalb auch den Tod nicht die letzte
Wirklichkeit sein lassen würde. Dieser Glaube erfuhr sich durch das
Kreuz in Frage gestellt, aber doch nicht einfach vernichtet; nur deshalb

---

[49] Vgl. ebd. 104 (Anm. 17).

konnten die Begegnungen mit dem Auferweckten als *Bestätigung* wahrgenommen werden.

So ist die Selbstevidenz der Ostererfahrungen auch für die Jünger schon eine vermittelte, auch wenn dieses Vermitteltsein in der überwältigenden Unmittelbarkeit ihrer Begegnungen mit dem Auferweckten nicht als solches erfahren wurde. *Uns* – den Jüngern der „zweiten Hand" (Kierkegaard) – ist die Unmittelbarkeit der Jüngererfahrung nicht mehr gegeben; für uns sind die Ostergeschichten *Behauptungen*, die in einem konsistenten Erschließungszusammenhang eine unverzichtbare Funktion haben mögen, aber eben doch Behauptungen, zumal ja – historisch-kritisch – nicht auszuschließen ist, daß die Osterzeugen halluzinative Erfahrungen als Bestätigung ihres Glaubens an den Gott der endzeitlichen Friedensherrschaft und an seinen Sohn, den Messias Jesus Christus, genommen haben (so D. F. Strauß). Wir haben das Zeugnis der Jünger zu prüfen, und Maßstab unserer Prüfung kann wiederum nur sein, ob der Gott, der gerade in der Auferweckung Jesu Christi sein Wesen und seinen Willen offenbarte, uns angesichts der Widersprüchlichkeit unserer Welt als die alles bestimmende Wirklichkeit zu überzeugen vermag. Wir können die Ostererfahrungen der Jünger auf die rettende Tat des Vaters an Jesus Christus zurückführen, wenn uns der Gott, der *so* handelte und damit die Gotteserfahrung Jesu bestätigte, als das Geheimnis unserer Welt (E. Jüngel) ergriffen hat, wenn auch wir ihm unsere Rettung zutrauen. Wer zu diesem Glauben nicht wenigstens unterwegs ist, für den werden die Ostergeschichten lediglich die apokalyptische Aufgeregtheit der Jünger oder die verblüffende Kreativität frühchristlicher Schriftsteller bestätigen. Also setzt unser Osterglaube – der Glaube an das eschatologische Gehandelthaben Gottes am Gekreuzigten – den Glauben schon voraus? Sind dann die Osterereignisse nicht eigentlich überflüssig, weil sie nur einen Glauben bestätigen, der die Bestätigung nur als solche wahrnehmen kann, wenn er sie *glaubend* wahrnimmt? Offensichtlich nicht, wenn man die eben skizzierten Vermittlungszusammenhänge mit der nötigen Differenziertheit zur Kenntnis nimmt: Die Behauptungen der Jünger, den Auferweckten gesehen zu haben, und ihre „selbstverständliche" Konsequenz, als der „Erstling der Entschlafenen" sei Jesus Christus der Menschensohn, der seine Menschenbrüder (und -schwestern) in die heilsame Gottesgemeinschaft der endzeitlichen Herrschaft Gottes heimführen werde, „paßt in das Bild" eines Gottes, dem ich vertraue, von dem ich die Erfüllung meines Menschseins erhoffen kann. Insofern gehören die Ostererfahrungen der Jünger in den Geschehenszusammenhang der Selbstoffenbarung Gottes, den ich freilich nur als solchen wahrnehmen kann, wenn sich mir in diesem Geschehniszusammenhang eine Gotteserfahrung erschließt, die mir das Geheimnis meines Lebens erschließt.

Diese Anmerkungen zur Problemgeschichte haben vielleicht die Konturen einer theologischen „Problemlösung" erkennen lassen. Diese Konturen gilt es nun in einer zusammenfassenden systematischen Reflexion nachzuzeichnen.

11. „Handeln Gottes": eine Kategorie „neutraler" Deskription?

In der Glaubensverkündigung wird – bis in die Gegenwart hinein – der Eindruck erweckt, als nötigten die geschichtlichen Fakten an bestimmten „Orten" der Menschheitsgeschichte selbst den Beobachter dazu, hier von „Gottes Handeln" zu sprechen. Es wird so getan, als hätten die Zeitgenossen an den jeweiligen Ereignissen einfach ablesen können, daß Gott in ihnen seinem Willen Geltung verschafft und sich so als die letztlich bestimmende Wirklichkeit in der Geschichte durchsetzt. Nun zeigt aber schon eine einfache kategoriallogische Überlegung, daß die Kategorie „Handeln" nicht der Deskriptionssprache angehört. Wer beschreibt, gibt vor, die Fakten für sich selbst sprechen zu lassen. Er gibt dies freilich nur vor, denn selbst in die Protokollsätze, mit denen Experimente beschrieben werden, gehen *Deutungen* ein, weil sich Beobachtungen eben nur innerhalb bestimmter „Paradigmen" beschreiben lassen (selbst wenn sie die herkömmlichen Paradigmen falsifizieren und auf neue Paradigmen vorgreifen). Die Beschreibung geschichtlicher Ereignisse ist überdies immer schon der Versuch, Strukturen und Prozesse in der Vielfalt des Geschehenen herauszuarbeiten und zu profilieren. Die Beschreibung unterlegt den Ereignissen eine mehr oder weniger schlüssige Konsequenz, die Stringenz eines Zusammenhangs, der sich plausibel *erzählen*, aber nicht einfach aus den Einzelereignissen ableiten läßt, so wahr die Einzelereignisse in den erzählten Zusammenhang „passen" müssen.

Die Beschreibung einer Ereignisfolge als *Handlungszusammenhang* behauptet die höchstmögliche Stringenz eines Geschehenszusammenhangs: die Konsequenz eines im Handeln sich verwirklichenden Vorhabens; sie fordert also dazu heraus, diesen Geschehenszusammenhang nicht nur als zufällige Ereignisfolge oder als unvermeidliche Konsequenz einer geschichtlichen Dynamik, sondern als Realisierung der Intention eines Handlungssubjekts wahrzunehmen. Daß ein Geschehen Intentionalität ausdrückt, daß damit jemand etwas gewollt, mitgeteilt, zum Ziel gebracht habe, das ist eine Behauptung, die sich an Einzelereignissen nicht einfach verifizieren läßt, die über andere narrative Rekonstruktionen geschichtlicher Zusammenhänge hinaus auch noch dies behauptet, der Handelnde habe seine Intention gegen alle anderen geschichtlichen Faktoren durchsetzen können.[50] Wie ist diese Behauptung begründbar? Ich verstehe ein Ereignis als Handlung eines bestimmten Handlungssubjekts aus dem Wissen heraus, das ich von den Intentionen, der Aufrichtigkeit, der Handlungsfähigkeit dieses Handlungssubjekts aufgrund der Kommunikation mit ihm habe. Was könnte mich veranlassen, eine bestimmte Ereignisfolge einem *göttlichen* Handlungssubjekt zuzuschreiben? Die Propheten haben diese Zuschreibung vollzogen aufgrund einer „Kommunikation" mit ihrem Gott, die sie zu der Gewißheit brachte, daß bestimmte geschichtliche Ereignisse Gottes Antwort auf den Bundesbruch des Volkes waren (bzw. sein würden). Ihre Zuschreibung fand Anerkennung bei denen, die zur Glaubenserfahrung des Propheten Zugang fanden und von ihr her dem Rätsel einer der Auserwählung Israels scheinbar so sehr widersprechenden Geschichte einen Sinn abgewannen, da sie der Intention des erwählenden Gottes nicht nur nicht widersprach, sondern gerade aus ihr entsprang. Die Propheten lehrten das Volk, Gottes Willen kennenzulernen und ihn in der Geschichte sich realisieren zu sehen. Und das Volk ließ sich überzeugen, soweit es die prophetische Verkündigung des Gotteswillens als Vertiefung seiner geschichtlich gewachsenen Gotteserfahrung annehmen konnte.

Diese prophetische *Deutung* einer Ereignisfolge ist *keine historische Erklärung*. Mit der Unterscheidung „historische Erklärung – Deutung" soll hier freilich nicht die wissenschaftstheoretisch obsolet gewordene Entgegensetzung von „Erklären" (deduktiv-nomologische Verfahren) und „Verstehen" (hermeneutische Verfahren) aufgegriffen, sondern die kategoriale Unterscheidung zweier spezifischer Auffassungsweisen historischer Verläufe geltend gemacht werden. *Historische Erklärung* versucht, Gründe dafür anzugeben, warum etwas so „gelaufen" ist, wie es faktisch gelaufen ist. Ein Ereignis oder ein Verlauf können niemals abschließend erklärt werden; es lassen sich ja niemals *zureichende* Gründe ausfindig machen, die als einzelne oder als Bedingungsgefüge „restlos" erklären, warum etwas so und nicht anders geworden ist, bzw. es läßt sich nicht nachweisen, daß man den zureichenden Grund aufgefunden hat (wie bei der Wiederholung eines gelungenen Experiments). Notwendige bzw.

---

[50] Vgl. *P. Eicher*, Bürgerliche Religion. Eine theologische Kritik, München 1983, 197 bzw. *P. Ricoeur*, Zufall und Vernunft in der Geschichte, dt. Tübingen 1986, 12 ff.

adäquate Gründe können angegeben werden, soweit sich plausibel machen läßt, daß die untersuchte Ereignisfolge einen anderen Verlauf genommen hätte, wenn das als Bedingung in Frage kommende Ereignis nicht vorausgegangen wäre bzw. der als Bedingung ins Auge gefaßte Komplex von Verläufen und Strukturen anders „zusammengesetzt" gewesen wäre.[51] Die Erklärungsgründe sollten dabei möglichst „naheliegende" sein, so daß sich voraussetzungsreiche und ihrerseits legitimationsbedürftige Zusatzannahmen soweit als möglich erübrigen. Die Erklärung, ein bestimmter Ablauf sei die Realisierung einer Handlungsintention, ist in jedem Fall anspruchsvoll und voraussetzungsreich. Sie setzt voraus, was man bei Vorliegen bestimmter Indizien unterstellen, aber gegen „naheliegendere" Erklärungen nicht definitiv absichern kann: daß sich ein menschlicher Wille gegen alle Einflußfaktoren bzw. *in ihnen* durchgesetzt habe. Der Nachweis, das Geschehen hätte einen anderen Verlauf genommen, wenn der Akteur anders gewollt hätte, ist kaum stringent zu führen. Gleichwohl ist die Behauptung, ein Geschehen sei seiner „Substanz" nach menschliche *Handlung*, als *Deutung* sinnvoll, als deutende Behauptung, das Geschehen sei „überdeterminiert" als Realisierung einer Intention. Diese Deutung ist nicht sinnlos, obwohl in jedem Falle auch andere, weniger anspruchsvolle und „naheliegendere" Erklärungsgründe ins Feld geführt werden können.

Das alles gilt a fortiori für die Annahme, *Gott* habe in einer bestimmten Ereignisfolge seine Intention realisiert. Die historische Kritik wird hier immer geltend machen, es *genügten* zur Erklärung des in Frage stehenden Verlaufs weniger anspruchsvolle Bedingungsstrukturen. Anders als die traditionelle Apologetik unterstellt, ist sie offenbar an keinem Ort der Geschichte genötigt, zur Erklärung eines Ablaufs auf die Behauptung „Hier hat Gott gehandelt" zurückzugreifen. Diese Behauptung unterstellt eine *Überdetermination* des Geschehenen, die nicht an einzelnen Ereignissen rein für sich erscheint, so daß sie an ihnen „abgelesen" werden könnte. Insofern hat Troeltsch recht, wenn er feststellt, daß der Zusammenhang des Glaubens an Gottes Handeln in der Geschichte „mit allen einzelnen Tatsachen gelockert" werde: „Es wird unmöglich, ihn auf eine einzelne Tatsache als solche aufzubauen, er steht immer nur in einer durch große, breite Zusammenhänge vermittelten, d.h. also mittelbaren Verbin-

---

[51] Diese Abteilung des Späteren aus dem Früheren orientiert sich an dem von Max Weber eingeführten Prinzip der singulären kausalen Zurechnung (vgl. *P. Ricoeur*, op. cit., 30 ff).

dung mit ihr."[52] Aber um welche Art der Vermittlung handelt es sich, und wie ist sie theologisch rekonstruierbar?

Wenn man nicht länger – wie die herkömmliche Apologetik – annimmt, Gottes Handeln sei gelegentlich die einzige „Erklärung" für ansonsten unerklärliche Geschichtsereignisse, wenn man vielmehr einräumt, die Rede vom Handeln Gottes fordere dazu heraus, einen bestimmten Geschehenszusammenhang in spezifischer Weise als überdeterminiert wahrzunehmen, so müßte man danach fragen, unter welchen Bedingungen und im Blick auf welche Art von Geschehenszusammenhängen diese Wahrnehmung (und die ihr entsprechende Deutung: Hier hat Gott gehandelt) sinnvoll und darüber hinaus naheliegend ist. Die Überzeugung von der Überdeterminiertheit eines Geschehenszusammenhangs als Realisierung einer Intention beruht auf intersubjektiver Vergewisserung; der Glaube an die Überdeterminiertheit eines Geschehensablaufs als göttliche Handlung beruht auf der Kommunikation mit dem als handelnd angesehenen Gott und ist durch sie vermittelt. Gibt es theologische Argumentationsstrategien, die dieses glaubende Überzeugtsein von der Überdeterminiertheit eines Geschehenszusammenhangs von der bloßen Behauptung „übersinnlicher Einflüsse" auf dies und jenes, vom unsichtbaren Mitwirken aller möglichen „geistigen Kräfte" unterscheiden lassen, die die Behauptung eines Handelns Gottes in bestimmten Geschehenszusammenhängen trotz der unbestreitbaren „*Verborgenheit" des Handelns Gottes* als prinzipiell sinnvoll und nicht als völlig beliebig erscheinen lassen?

12. Über die Legitimierbarkeit der Deutung: „Hier hat Gott gehandelt"

Nur die *Legitimierbarkeit* der deutenden Behauptung: „Hier hat Gott gehandelt" steht zur Diskussion, nicht die Forderung, Gottes Urheberschaft für irgendein Ereignis oder irgendeinen Geschehenszusammenhang zu *beweisen*. Wenn es nachvollziehbare Legitimationsstrategien gibt, so ist die Deutung: „Hier hat Gott gehandelt" *sinnvoll; zwingend* kann sie im Argumentationszusammenhang der theoretischen Vernunft niemals werden. Diese Begrenzung des Argumentationsziels steht in Überein-

---

[52] Vgl. *E. Troeltsch,* Über historische und dogmatische Methode in der Theologie (s. Anm. 27) 111f. Troeltschs Versuch, die Glaubensgewißheit durch den religionsgeschichtlichen Vergleich und die von ihm her mögliche Herausarbeitung einer Höchstgeltung des Christentums zu rekonstruieren, erscheint heute überholt. Aber ich kann nicht sehen, daß damit auch die Fragestellung, die Troeltschs Versuch motivierte, überholt sei.

stimmung mit Fichtes Einschätzung in seiner frühen Offenbarungsschrift. Sein Argumentationsweg ist für die hier skizzierte Problemstruktur durchaus paradigmatisch. Es empfiehlt sich, ihm zu folgen, auch wenn die Einzelargumente anders formuliert werden müssen. Fichte versucht zu zeigen, daß der Begriff des (Offenbarungs-)Handelns Gottes sinnvoll ist, weil er (a.) sich aus dem Gottesbegriff ergibt (bzw. zumindest mit ihm vereinbar ist), weil er (b.) von der (natur-)wissenschaftlichen Thematisierung der (Welt-)Wirklichkeit nicht schlechterdings ausgeschlossen wird, weil er überdies (c.) eine unersetzliche Funktion dafür hat, daß die Menschheit in ihrer faktischen Vorfindlichkeit ihrer (moralischen) Bestimmung näherkommen kann, weil sich (d.) aus dieser Deduktion des Offenbarungsbegriffs Kriterien ableiten lassen, aufgrund derer entschieden werden kann, welche Ereignisse und Ereignisfolgen eher (als andere) Gott als Urheber zugeschrieben werden können.

Zu a. läßt sich darauf verweisen, daß der Begriff des (Offenbarungs-) Handelns Gottes sinnvoll ist im Zusammenhang eines Gott-Denkens, das Gott als unendlich Beziehungsfähigen und Beziehungswilligen, als Kommunizierenden begreift. Die Trinitätslehre hat zu zeigen, daß Gott so gedacht werden kann, daß also die Annahme eines geschichtlich handelnden, Beziehung gewährenden Gottes den Gottesgedanken nicht in sich widersprüchlich macht oder verendlicht, sondern sinnvoll bestimmt. Dieser Nachweis ist nur zu führen, wenn Gottes geschichtliches Handeln ihn nicht in äußerliche Bedingungsstrukturen verstrickt und von ihnen her determiniert, wenn m. a. W. Gottes Handeln im strengen Sinn als Selbstoffenbarung und Selbstmitteilung verstanden werden darf. Seine Selbstmitteilung hat aber für die Menschen nur „Sinn", wenn sie mit ihr und durch sie zu ihrer Vollendung kommen können. So ergäbe sich aus der trinitätstheologischen Klärung des Begriffs eines geschichtlich handelnden Gottes, daß Gottes Handeln in der Welt letztlich nicht dies oder jenes bewirken, sondern Gott *als ihn selbst offenbaren und so das Heil der Menschen wirken* will. Unter c. wird zu zeigen sein, daß diese Behauptung sinnvoll (auf die empirische Situation des Menschen beziehbar) ist.

Zu b. kann pauschal auf die im Fichte-Referat genannten Argumente verwiesen werden: Wenn angesichts der naturwissenschaftlichen Rekonstruktion von Ursache-Folge-Geflechten sinnvoll vom Handeln des Menschen (von der Überdeterminiertheit durch geplante Realisierung von Zwecken) gesprochen werden kann, so kann prinzipiell mit dem gleichen Recht auch von Gottes Handeln (Überdeterminierung „zweiten Grades") gesprochen werden.

Worin liegt nun *(c.)* die im Blick auf die empirische Situation der

Menschen ausweisbare, nicht einfach durch funktionale Äquivalente ersetzbare Bedeutung des Handelns Gottes für die „Menschwerdung des Menschen"? Wenn es sich zeigen läßt, daß die Menschen – nicht nur zufälligerweise – unfähig sind, wahre Gerechtigkeit aufzurichten, und dies schon deshalb, weil sie den um ihr Leben betrogenen Toten nicht Gerechtigkeit widerfahren lassen können; wenn sich weiterhin zeigen läßt, daß ethisches menschliches Handeln haltlos wird, wenn der Handelnde an der Möglichkeit wahrer Gerechtigkeit verzweifeln müßte, dann hängt die Menschwerdung des Menschen – sofern sie der ethischen Selbstverwirklichung des Menschen aufgegeben ist – daran, daß er auf wahre Gerechtigkeit hoffen kann, daß er die große Alternative zur Ungerechtigkeit der Menschen für möglich halten und hoffend antizipieren kann. Die Hoffnung auf die neue Gerechtigkeit kann aber nur in jener Selbstmitteilung Gottes ihren Grund finden, worin Gott sich als der offenbart, dessen Wille es ist, die Menschen zu ihrem Recht kommen zu lassen, ihnen *gerecht zu werden*, eben weil die gerechtwerdende Liebe sein Wesen ist. Gottes Selbstoffenbarung ist das Heil der Menschen, weil es die Wesensäußerung Gottes ist, denen gerecht zu werden, die sich nicht selbst (genauer: gegenseitig) Gerechtigkeit schaffen (bzw. gewähren) können. Dieser fundamentale soteriologische Zusammenhang läßt – soweit er hinreichend plausibel gemacht werden kann – die Rede von Gottes Handeln in der Geschichte sinnvoll erscheinen.

Unter d. ist die Frage zu verhandeln, welchen Ereignissen oder Geschehenszusammenhängen die Deutung: „Hier handelt Gott", angemessener wäre als beliebigen anderen. Aus der Deduktion folgt, daß diese Deutung für solche Geschehenszusammenhänge am sinnvollsten ist, in denen sich den Menschen eine heilsame und rettende (erlösende) Gotteserfahrung erschloß. Diese Argumentationsstrategie bleibt freilich prinzipiell wehrlos gegen den Einwand, zur Auffindung dieser schlechthin heilsamen Gottesintuition habe es nicht eines Handelns Gottes bedurft, die Menschen hätten auch von sich aus auf sie kommen können. Nur ist dieser Einwand argumentationslogisch nicht mehr belangvoll. Gottes Handeln läßt sich von menschlicher Entdeckung nach den gemachten Voraussetzungen nur theologisch unterscheiden; es ist nicht als unterscheidbare causa ausweisbar und insofern „unsichtbar". Und so ergibt sich als neutralisierendes Gegenargument, Gott könne gerade so gehandelt haben, daß er Menschen dazu ermächtigte, aufgrund einer entsprechenden Gottesintuition von Gott zutreffend zu reden. Gottes Selbstoffenbarung wird immer nur als rettende und heilsame Gottesintuition „greifbar" (so schon E. Troeltsch). Es ist gewiß nicht beweisbar, aber auch nicht widerlegbar, und es liegt in der Logik einer Gottesintuition, in der Gott als der unendlich Beziehungsfähige und Beziehungswillige wahrgenommen wird, wenn die Entdeckungsgeschichte dieser Gottesintuition als von Gott selbst gewirkt vorgestellt wird.

13. Der Sinn des Handelns Gottes in der Geschichte

Worin liegt der positive Ertrag dieses Gedankenganges? Darin, daß die Bedingungen genannt und – soweit dies hier möglich ist – als gegeben ausgewiesen sind, unter denen ein sinnvoller Gebrauch der Kategorie „Handeln Gottes" steht; schließlich darin, daß jene Gruppe historischer Ereignisse und Ereignisfolgen benannt wurde, für die eine Deutung als Gottes Handeln am nächsten liegt (Entdeckungszusammenhänge, in denen sich der Menschheit eine „tragende" – überzeugende – Gottesintuition erschlossen hat). Es liegt nun auf der Hand, daß die Überzeugungskraft, die der Behauptung innewohnt, eine *bestimmte* Ereignisfolge sei ein auf Gott selbst zurückgehender Handlungszusammenhang, entscheidend von der Überzeugungskraft der Gottesintuition abhängt, die sich in dieser Ereignisfolge erschlossen hat. Die nur im Glauben voll zum Tragen kommende Überzeugungskraft der jeweiligen Gottesintuition hat aber ihren Grund in der *soteriologischen „Notwendigkeit"* der Selbstoffenbarung Gottes, wie sie als in der Entdeckungsgeschichte der jeweiligen Gottesintuition geschehend vorgestellt wird. Mich überzeugt jene Behauptung eines Handelns Gottes, die sich auf einen Handlungszusammenhang bezieht, der die „Menschwerdung des Menschen" notwendigerweise umgreift, auf den der Mensch sich beziehen können muß, wenn er die Hoffnung haben darf, seine Bestimmung nicht ganz und gar zu verfehlen. Diese Überzeugung von der Notwendigkeit und Heilsamkeit *des* Geschehens- bzw. Handlungszusammenhangs, den ich als Selbstoffenbarung Gottes wahrnehme, wird im Glauben mehr oder weniger unmittelbar vollzogen; für sie lassen sich aber auch Argumente anführen, die indes immer nur eine unterschiedlich hohe Plausibilität, niemals jedoch definitive Schlüssigkeit für sich in Anspruch nehmen können. Es wird in diesen Argumenten etwa darum gehen, nachzuweisen, daß die Gattungsgeschichte der Menschheit nicht jener umfassende Handlungszusammenhang sein kann, der den Menschen Gerechtigkeit widerfahren läßt (gegen D. F. Strauß und L. Feuerbach); daß dieser umfassende Handlungszusammenhang auch nicht angemessen als göttliche Erziehungsgeschichte begriffen wird, da in ihm nicht nur die Erziehung des

Menschengeschlechts zum rechten Gebrauch der Vernunft auf dem Spiel steht, sondern darüber hinaus die Hoffnung, wahre Menschlichkeit in der Lebensgemeinschaft mit dem zutiefst menschlichen Gott zu erreichen und in alltäglich-ethischer Praxis antizipieren zu können.

Hier zeigt sich, weshalb und in welchem Sinne der Entdeckungszusammenhang der christlichen Gottesintuition der Logik dieser Gottesintuition entsprechend als *„dramatischer" Handlungsentwurf* der Selbstoffenbarung und Selbstmitteilung Gottes verstanden werden muß: Die christliche Gottesintuition hat ihr Wesen nicht nur in der Entdeckung des richtigen, wahrhaft vernünftigen Gottesbegriffs durch die zu rechtem Vernunftgebrauch gelangten Menschen; vielmehr ist sie die Zustimmung zu und das Sich-Verlassen auf *das Drama der Solidarisierung Gottes mit den Menschen,* das Gewahrwerden eines göttlichen Handelns zum Heil der Menschen und das Sich-Einbeziehen-Lassen in diesen Handlungszusammenhang: Gott wird den Menschen ein Mitmensch, damit sie wahrhaft Mensch werden können; er nimmt teil an ihrem Leben, und so teilt er ihnen von seinem unzerstörbaren Leben mit; in seinem Sohn geht er den Weg der Menschen bis in den Tod mit, aber Jesu Solidarität mit den Menschenbrüdern zieht Gott nicht in den allgemeinen Untergang hinein, der Vater rettet ihn aus der Macht des Todes, in der die Sünde mächtig geworden ist; und diese Rettungstat begründet die Zuversicht der Glaubenden, daß sie in allem den Sieg davontragen durch den, der ihnen – als den Menschenbrüdern und -schwestern seines Sohnes – seine Liebe erwiesen hat, daß nichts die Macht haben wird, sie „zu trennen von der Liebe Gottes, die in Christus Jesus, unserem Herrn, ist" (Röm 8,39 bzw. 37); die Glaubenszuversicht, niemals wieder von der Liebe Gottes getrennt zu werden, läßt die Glaubenden aus der Liebe und für die Liebe leben; sie werden bestrebt sein, jenes heilende Gerechtwerden, das ihnen in Jesus Christus begegnete und von ihrem endzeitlichen „Richter" her zuteil werden wird, als das „Grundgesetz" menschlichen Zusammenlebens in Geltung zu setzen.

Wer von dieser Gottesintuition erfaßt wird, der weiß sich erfaßt von Gottes Handeln zum Heil der Menschen; für den ist der historisch rekonstruierbare Erschließungszusammenhang der christlichen Gottesintuition in Wahrheit die Geschichte der das göttliche Wesen offenbarenden Solidarisierung Gottes mit den Menschen. Diese Deutung wird er nicht beweisen können; aber er wird bereit sein, darüber Rechenschaft zu geben, daß der göttliche Handlungszusammenhang, den er in der Erschließungsgeschichte der christlichen Gottesintuition sich vollziehen sieht, dem Menschen in seiner condition humaine wahrhaft gerecht wird.

Argumente, die der Legitimierung – nicht dem Beweis – dieser Deutung dienen sollen, müssen sich dann nicht darauf fixieren, die Analogielosigkeit und Nichtableitbarkeit eines Einzelereignisses nachzuweisen, um es so zweifelsfrei auf eine göttliche Ursache zurückzuführen. Vielmehr werden sie darauf abzielen, den umfassenden Handlungszusammenhang der Solidarisierung Gottes mit den Menschen als für die Menschen schlechthin heilsam zu erweisen. Auf den ersten Blick mag es so aussehen, als werde hier das aussichtslose Bemühen, die Unableitbarkeit und Analogielosigkeit göttlichen Handelns unter Beweis zu stellen, beim Einzelereignis zwar aufgegeben, beim geschichtlichen Prozeß (der heilsamen Selbstoffenbarung und Selbstmitteilung Gottes) aber erneut in Angriff genommen. Dieser Eindruck täuscht. Es kann ja gar nicht darum gehen, mit der Unableitbarkeit der christlichen Gottesintuition zu argumentieren und ihre Entdeckungsgeschichte aus dem Wirkungszusammenhang der Geschichte herauszunehmen. Gottes Selbstoffenbarung und Selbstmitteilung wird sich dem Blick des Historikers immer nur als – in die geschichtlichen Wechselwirkungen verwobene – Entdeckungsgeschichte darbieten. Aber auch der Historiker kann sehr wohl die Spezifität dieser Gottesintuition herausarbeiten und zumindest die dem Religionsphilosophen (bzw. Religionsphänomenologen) zur Diskussion zu übergebende Frage formulieren, ob und inwieweit diese *spezifische* Gottesintuition die condition humaine erhellt und angesichts ihrer (trotz ihrer) ethisch-solidarisches Handeln ermöglicht. Spezifität heißt wiederum nicht Analogielosigkeit: Gerade auf dem Hintergrund der Analogien zeigt sich ja das Spezifische, dessen Bewertung dann im religionsphilosophischen Diskurs zur Diskussion steht; die Analogien zeigen gerade an, daß die spezifisch christliche Gottesintuition die condition humaine, die sich ja auch in anderen religiösen Entwürfen widerspiegelt, mehr oder weniger angemessen wahrnimmt. Eine Analogielosigkeit der spezifisch christlichen Gottesintuition muß auch nicht in dem Sinne geltend gemacht werden, daß allen anderen Gottesintuitionen das fehlte, was sie selbst heilsam sein läßt (Exklusivitätsargument). Vielmehr wird sich die Theologie darauf beschränken, den Nachweis zu versuchen, daß die Heilsamkeit der christlichen Gottesintuition auch mit ihrer Spezifität zu tun hat. Selbst wenn ihr dieser Nachweis gelingen sollte, stünde es nicht so, daß damit Gottes Wirken in der Geschichte als auf die israelitisch-christliche Glaubensgeschichte eingeschränkt behauptet werden müßte.

14. Die Auferweckung Jesu: Gottes eschatologische Selbstoffenbarung

Wenn die eben ausgeführten Voraussetzungen für die theologische Rede vom Handeln Gottes zutreffen, so kann es nun nicht darum gehen, aus den Ostergeschichten ein analogieloses und unableitbares Geschehen „herauszuschälen", gleichsam einen unbestreitbaren Kern göttlichen Handelns in allen Osterüberlieferungen. Man kann sich aber auch nicht damit zufrieden geben, die Osterereignisse nur als Selbstvergewisserung der Jünger nach der Infragestellung ihrer Hoffnungen am Karfreitag zu beschreiben. Die Osterereignisse haben ihren Sinn für den Theologen (und die Glaubenden) aus ihrer Funktion in der Entdeckungsgeschichte der spezifisch christlichen Gottesintuition, die der Glaubende zugleich als den Sinnzusammenhang göttlicher Selbstoffenbarung versteht, und dies eben deshalb, weil er den Gott, der ihm in dieser Gottesintuition begegnet, als den schlechthin Vertrauens- (Glaub-) Würdigen erfahren hat. Welche Funktion haben die Osterereignisse für den als Gottes Selbstoffenbarung verstandenen Entdeckungszusammenhang der spezifisch christlichen Gottesintuition? In ihnen erfuhren die Urzeugen des christlichen Glaubens die *Bestätigung* dafür, daß Gott selbst ihren Meister Jesus Christus trotz seines Fluchtodes eschatologisch ins Recht gesetzt hat; so konnten sie dessen gewiß sein, daß in seiner Lebenspraxis und Verkündigung Gott selbst – sein Wille und sein Wesen – offenbar wurden bzw. geschahen. Zugleich wurde ihnen Jesu Gottesintuition von der Auferweckung des Gekreuzigten her zur tragenden Gewißheit ihres Lebens und ihres Zeugnisses: Der Gott, von dem ihr Meister sich gesandt wußte, dessen Wesen und Willen er mit seinem ganzen Leben auslegte, dem er bis in den Schmachtod am Kreuz hinein die Treue hielt, dieser Gott ist der Herr über die Macht der Sünde und des Todes; er setzt dieser Macht ein Ende, indem er seinen Sohn nicht im Tod läßt und ihn zum Erstling der Entschlafenen macht.[53]

---

[53] Kommt die Erschließungsgeschichte der spezifisch christlichen Gottesintuition tatsächlich so an Ostern zum Ziel, daß sich hier den Urzeugen Gott als der dem Tod und der Sünde überlegene Vater Jesu Christi erschließt, der den Sohn als Erstling der Entschlafenen zu sich nimmt? H. Verweyen hat in seinem Beitrag zu diesem Band deutlich zu machen versucht, daß die vertrauende Lebenshingabe Jesu selbst die ganze Offenbarung des in Jesus Christus Fleisch gewordenen Gottes – und als das Offenbarwerden des Sohnes auch das vollgültige Offenbarwerden des Vaters – sei, daß an Ostern nicht etwa *darüber hinaus* der diese Lebenshingabe rettende und verherrlichende Vatergott geoffenbart worden sei. Verweyens Position wäre trinitätstheologisch zu prüfen. Dabei wäre zu fragen: Ist der Vater nicht doch auch insofern der vom Sohn – vom inkarnierten Logos –

Für die Jünger geschieht beides in einem: *die Bestätigung Jesu* durch den Vater, der ihn zu sich nimmt und ihn neu unter den Glaubenden gegenwärtig sein läßt, sowie *das Offenbarwerden* eines Gottes, der die Hoffnung der Glaubenden angesichts der unüberwindlich scheinenden Macht der Sünde und des Todes rechtfertigt, da er seinen Sohn zum Erstling der Entschlafenen macht. Die Jünger der „zweiten Hand" gewinnen an der tragenden Gottesgewißheit der ersten Jünger Anteil, ohne den Auferweckten selbst „gesehen" zu haben; sie vertrauen dem Gott, der seinen Willen und sein Wesen in der Auferweckung des Gekreuzigten endgültig offenbart hat, weil *dieser* Gott sie überzeugt und wahrhaft „lebendig gemacht" hat, nicht etwa deshalb, weil sie sich der Grundlage des Jüngerzeugnisses historisch-kritisch vergewissert hätten. Dem Historiker bietet sich nur der gegliederte Ablauf einer Entdeckungsgeschichte dar. Die Jünger haben „entdeckt", daß Jesus der Menschensohn ist – der, der „kommen soll" – und daß der Fluchtod am Kreuz diesem Menschensohnsein nicht widerspricht; sie haben entdeckt, daß Gott derjenige ist, der mit seiner Herrschaft der Herrschaft der Sünde und des Todes ein Ende setzt. Historisch läßt sich nur klären, daß diese „Entdeckung" von denen, die sie gemacht haben, auf die Begegnung mit dem Auferstandenen zurückgeführt wurde, daß sie sich bei den „Osterzeugen" unter außergewöhnlichen, wenn auch nicht völlig analogielosen Begleitumständen durchgesetzt hat und daß die Jünger fortan für die Bezeugung dieser Entdeckung alles – auch ihr Leben – aufs Spiel setzten. Historisch-kritisch läßt sich nicht begründen, daß die Ostererfahrungen der Jünger „mehr" gewesen sind als „subjektive Visionen" (D. F. Strauß), in denen die spezifisch christliche Gottesintuition – die Glaubensüberzeugung von dem Gott, der seinen heilschaffenden Willen um der Rettung der Sünder willen gegen die Macht der Sünde und des Todes durchsetzt – von ihnen Besitz ergriff. Historisch-kritisch läßt sich noch nicht einmal vollständig

---

Unterschiedene, als er diesen im Tod rettet? Und kann diese Rettung nicht doch an Ostern erfahren worden und zur „christologiebildenden" Mitte der vom Tod am Kreuz infragegestellten Gottesintuition Jesu – der Intuition eines mit den Leidenden und Verworfenen sich solidarisierenden Gottes – geworden sein? Gewiß fügen die Ostererfahrungen der Gottesintuition Jesu, die ihn aus Liebe in den Tod gehen ließ, nichts „Neues" hinzu; aber an Ostern wurde diese Gottesintuition zur Gottesintuition der Urzeugen, so daß sie nun von ihr her die eigene Glaubenssituation, das Geschick Jesu und ihre eigene Berufung deuten konnten. Und dieses Zugänglichwerden der Gottesintuition Jesu setzte das zur Glaubensgewißheit gewordene Vertrauen darauf voraus, daß der Weg Jesu „beim Vater ankommt". Wer will darüber entscheiden, ob und inwieweit die Jünger auch schon vor Ostern zur Gottesintuition Jesu hätten Zugang finden müssen?

ausschließen – auch wenn nicht viel dafür spricht –, daß ein längerer Kommunikations- und Überzeugungsprozeß der Glaubensgewißheit vorangeht, Gott habe mit der Auferweckung des Gekreuzigten Jesus in seinem Menschensohnsein bestätigt und den Tod überwunden.[54]

Die Frage, *wie* die Jünger zur Ostergewißheit – zur spezifisch christlichen Gottesintuition – gelangt sind, ist historisch-kritisch nicht eindeutig und definitiv zu beantworten. Eine Antwort auf diese Frage braucht der Glaubende auch nicht, denn der Osterglaube der Jünger hat ihn *seinem Inhalt nach* überzeugt, und deshalb versteht er die Erschließungsgeschichte, die auf ihn hinführt, als Geschichte der göttlichen Selbsterschließung; deshalb versteht er das Ereignis, durch das die spezifisch christliche Gottesintuition ihre *innere Mitte* fand – das Überwältigtwerden der Jünger von der Gewißheit, daß Jesus lebt und daß sie mit ihm leben werden – als die eschatologische Tat der Selbstoffenbarung Gottes. Die Glaubenden entdecken mit den Urzeugen des Glaubens, wer der Gott Jesu Christi ist: der Gott, der in Jesus Christus zum Bruder der Menschen geworden ist, ihren Weg bis in den Tod mitgeht und der diejenigen, die seinem Weg folgen, durch den Abgrund des Todes hindurch in sein „Reich" mitnimmt. Sie vertrauen diesem Gott, und weil sie ihm vertrauen, sehen sie diese „Solidarisierung Gottes mit den Sündern" sich ereignen in dem, der sie gelebt und erfahrbar gemacht hat: in Jesus Christus; weil sie seinem Gott und Vater vertrauen, deshalb sehen sie diese Solidarisierung sich vollenden mit der Auferweckung des Gekreuzigten, in der der Vater seinen Sohn Jesus Christus und mit ihm alle ihm verbundenen Menschenbrüder (und -schwestern) zu Teilhabern seines göttlichen Lebens macht.

Wenn man die in seiner Auferweckung sich vollendende Geschichte Jesu Christi historisch als Erschließungsgeschichte beschreibt, so scheint nichts dagegen zu sprechen, die Osterereignisse so auf ihren Erschließungsaspekt zu reduzieren, daß sie nur noch als „Quellpunkt" des Kerygmas, als jene Selbstvergewisserung der Jünger zur Sprache kommen, die die „Sache Jesu" weitergehen läßt.[55] Die „Sache Jesu" hätte sich als „tragfähig" und als zur Mission motivierend erwiesen; die Geschichte Jesu, in der sich diese „Sache" erschlossen habe, sei damit aber im Grunde irrelevant geworden, so wie – wissenschaftstheoretisch gesehen – der

---

[54] Vgl. zu dieser Auffassung: *E. Schillebeeckx*, Jesus. Die Geschichte von einem Lebenden, dt. Freiburg–Basel–Wien 1974, 307 ff bzw. 568 ff.

[55] Vgl. *W. Marxsen*, Die Auferstehung Jesu als historisches und als theologisches Problem, Gütersloh ²1965.

Entdeckungszusammenhang hinter dem Begründungszusammenhang zurücktreten dürfe. So könne auch die Dogmatik darauf verzichten, die Erschließungsgeschichte der „Sache Jesu" als Gottes Tat aufzufassen, sie habe es ja ausschließlich mit der systematischen Erfassung der „Sache Jesu" selbst zu tun. Dieses Verständnis der Osterereignisse verkennt, daß die „Sache Jesu", die im Kerygma der missionierenden Urkirche zur Sprache kommt, die Geschichte Jesu Christi ist, insofern sie als Geschichte der Solidarisierung Gottes mit den Menschen verstanden wird. Die Erschließungsgeschichte der spezifisch christlichen Gottesintuition bringt nicht nur – wie die Aufklärung meinte – den wahrhaft vernünftigen Gottesglauben zu Bewußtsein; sie läßt vielmehr den Gott erfahrbar werden, der den Zugang zum Glauben eröffnet, da er sich auf eine Geschichte einläßt, in der er den Menschen seine – Tod und Sünde überwindende, die Menschen zur Lebensgemeinschaft mit ihm befreiende – Treue und Solidarität erweist. Jene Geschichte also, von der her die Menschen zu der Überzeugung kommen können, daß der Gott Jesu Christi der ihre Not wendende und ihre Hoffnungen rechtfertigende Gott ist, muß systematisch-theologisch als die Geschichte Gottes selbst verstanden werden, in der er den Menschen als der nahekommt, der er zwar in sich, *nicht aber für die Menschen* immer schon ist. Weil der mit den Menschen sich solidarisierende Gott die „Sache Jesu" ist, die „weitergeht", deshalb müssen die Osterereignisse nicht nur als Phänomen der Selbstvergewisserung, sondern als das Zum-Ziel-Kommen der Solidarisierung Gottes mit dem Menschengeschlecht verstanden werden, so wahr dieses eschatologische Zum-Ziel-Kommen vorausweist auf die eschatologische Gottesherrschaft, in der Gottes Wille in allem und an allen geschehen wird, und so wahr sich historisch nur die Botschaft Jesu ausmachen läßt, nicht aber dies, daß sie – in der Auferweckung des Gekreuzigten – endgültig wahrgeworden ist. Dieses *theologische* Verständnis der Osterereignisse ist konstitutives Element des christlichen Gottesverständnisses („der Sache Jesu"); das christliche Gottesverständnis gewinnt von ihm her seine innere Mitte. Wo es von dieser inneren Mitte her überzeugt, da ermächtigt es dazu, Ostern als das Zum-Ziel-Kommen der Geschichte Gottes mit den Menschen, als die „eschatologische Heilstat" Gottes zu denken.

Diese Deutung schließt gerade nicht aus, daß der Historiker sich an das „Näherliegende" halten darf: an die historisch nicht völlig unerklärbare und nicht schlechterdings analogielose Entstehung der Ostergewißheit im Jüngerkreis. Daß die Jünger selbst diese Gewißheit sich „erarbeitet" haben, daß sie ihnen bei ihrer Verarbeitung des Karfreitagsgeschehens aufgeleuchtet ist (vgl. die Emmausgeschichte), daß sie dabei einigermaßen rekonstruierbare „theologische Operationen" vorgenommen haben, dies alles muß man nicht leugnen, wenn man die Ostergewißheit der Jünger auf Gottes Handeln am Gekreuzigten und auf Begegnungen mit dem Auferstandenen zurückführt. Wie vor allem *Karl Rahner* herausgearbeitet hat, handelt Gott in der Geschichte niemals so, daß er menschliches Handeln ersetzt oder mit ihm konkurriert.[56] Gott handelt vielmehr so, daß er menschliches Handeln freisetzt und zum Ziel kommen läßt, ihm jene innere Mitte und jenen Halt verleiht, die es zum wahrhaft schöpferischen – entdeckenden und heilsamen – Handeln machen. *Gerhard Lohfink* kann deshalb zu Recht davon sprechen, daß die Visionen (wenn man denn hier von Visionen sprechen soll), in denen die Jünger den Auferstandenen „sahen", beides zugleich sind: „Tat des Menschen und Tat Gottes". Und dies bedeutet hier: „Die Ostererfahrungen der Jünger sind *theologisch* gesprochen wirklich und wahrhaft Erscheinungen des Auferstandenen, in denen Gott seinen Sohn geoffenbart hat (Gal 1,15). *Psychologisch* gesprochen sind sie jedoch zugleich Visionen, in denen die produktive Imaginationskraft der Jünger über das Unterbewußtsein die Anschauung des Auferstandenen konstituiert hat. Beides schließt sich gegenseitig in keiner Weise aus."[57] Psychologisch und historisch gesehen sind die „Visionen" der Jünger keineswegs analogielos und unerklärlich, nur aus einer „übernatürlichen Kausalität" ableitbar. Systematisch-theologisch gesehen leuchtet in ihnen jenes Geschehen auf, wodurch der Gott Jesu Christi – mit der Auferweckung seines Sohnes – den „neuen Bund", seine Solidarisierung mit dem Menschengeschlecht besiegelte. Sinnlos ist es nicht, so zu sprechen, auch wenn kein Historiker diese theologische Deutung verifizieren kann.

15. Gott handelt, wo sein Wille geschieht

Die theologische Rede von der Auferweckung Jesu als Gottes eschatologischer Tat hat – handlungstheoretisch – den Sinn, daß hier die *vollendete Verwirklichung seiner Intention*, seines Willens behauptet wird. Ein

---

[56] Das gilt zunächst für die Gnadenlehre, ist aber von Rahner bis in die Problemzusammenhänge der Christologie hinein geltend gemacht worden; vgl. etwa seinen Aufsatz: Die Christologie innerhalb einer evolutiven Weltanschauung, in: Ders., Schriften zur Theologie, Bd. 5, Einsiedeln 1964, 183–221.

[57] *G. Lohfink*, Der Ablauf der Osterereignisse und die Anfänge der Urgemeinde, in: Theologische Quartalschrift 160 (1980) 162–176, 167.

Geschehen läßt sich um so entschiedener einem Handlungssubjekt zuschreiben, je nachhaltiger man sich dessen (kommunikativ) vergewissert hat, daß es seiner Handlungsabsicht entspricht. So kann man generell sagen, ein beliebiges Handlungssubjekt handle, wo immer sein Wille geschieht, wenn auch nicht letztlich auszuschließen ist, daß sein Wille „zufällig" – ohne sein Zutun – geschieht. Nicht selten geschieht mein Wille durch das Tun des anderen, mit dem ich kommuniziere und den ich für mein „Handlungsprojekt" gewonnen habe. Aber gerade hier ist „das Tun des Einen das Tun des Anderen"[58], und diese Handlungsdynamik läßt sich auch in gesellschaftlichen Zusammenhängen feststellen: Der Staat (eine Gruppe) handelt, wo sein (bzw. ihr) Wille durch das Handeln der verfassungs- bzw. satzungsgemäßen „Organe" geschieht. Ein Wille kann also – wenn er nicht per Zufall „geschieht" – durch eine dem Handlungs- und Willenssubjekt unmittelbar zurechenbare Handlung und durch einen – in welchem Sinne auch immer – auf ihn zurückgehenden Handlungszusammenhang geschehen. Welche Konsequenzen ergeben sich aus dieser trivialen Einsicht für das Reden vom Handeln Gottes? Sind verschiedene Explizitheitsstufen und entsprechend: unterschiedliche Vermittlungsformen des Handelns Gottes zu unterscheiden? Dazu in thesenhafter Zuspitzung noch einige abschließende Bemerkungen:

a) *Gott handelt, wo es für den Menschen nichts mehr zu tun gibt,* wo die Menschen seinen Auserwählten ums Leben gebracht haben, um ein Leben, in welchem Gottes Wille geschah; er widerruft die Endgültigkeit des von den Menschen verhängten Fluchtodes. So erweist er sich als die „letzte Instanz", die das Urteil der Menschen revidiert und den ins Recht setzt, der ihrem Verurteilen zum Opfer gefallen ist; so setzt er seinen Willen durch in jener *eschatologischen Tat,* die nicht nur über seinen Auserwählten, sondern über die ganze Menschheit entscheidet, da er sein Vorhaben mit den Menschen nicht von der Sünde vereiteln läßt. Als geschichtliches Ereignis ist diese eschatologische Tat „verborgen" in einer Geschichte, die nicht notwendigerweise als das Geschehen des Gotteswillens verstanden werden muß: in der Entstehung der Ostergewißheit, die die Jünger zu Zeugen des Gottes werden ließ, der sich von den Menschen nicht davon abbringen läßt, ihnen die Lebensgemeinschaft der endzeitlichen Gottesherrschaft anzubieten. Der Vater handelt unmittelbar am Gekreuzigten, aber sein Handeln wird für die Menschen zur „Gegebenheit", von der sie sich zu denken, zu hoffen und zu tun geben lassen

---

[58] Vgl. *H. Stierlin,* Das Tun des Einen ist das Tun des Anderen. Eine Dynamik menschlicher Beziehungen, Frankfurt/M. 1971.

dürfen, im Handeln jener Erstzeugen, die sich – für das Urteil der Glaubenden – von Gottes Handeln ergreifen ließen und in ihrem Zeugnis Gottes Willen geschehen ließen. Für das Urteil der Nichtglaubenden wird diese Wendung zur Ostergewißheit der Urzeugen überraschend und erstaunlich sein, aber nicht zwingend zu der Annahme führen, hier sei Gott selbst am Werk gewesen.

b) *Gott handelt in seinem Sohn*, der sich dem Willen des Vaters „gehorsam" unterordnete, der seine Lebenspraxis und sein Geschick als das Geschehen des Gotteswillens verstand und zur Sprache brachte. Die Herausforderung, die ihm das Kreuz eintrug, lag gerade in diesem Anspruch, Gottes Willen nicht nur zu verkünden, sondern ihn geschehen zu lassen: in der Zuwendung zu den Armen, zu den Sündern und den Unreinen; in der Mahlfeier mit den Ausgestoßenen; in der Einladung, umzukehren und die zum Greifen nahegekommene Gottesherrschaft als die schlechthin verheißungsvolle Alternative zur Ungerechtigkeit der Menschen zu ergreifen. Der Vater hat den Anspruch Jesu Christi, in der eigenen Lebenspraxis Gottes Willen geschehen zu lassen und so den Vater selbst zu offenbaren, mit der Auferweckung des Gekreuzigten bestätigt. Für den Blick des Historikers freilich bleibt unentschieden, ob Jesu Lebenspraxis nur seinen eigenen Lebensentwurf oder – darüber hinaus – auch den Willen und das Vorhaben des göttlichen Vaters offenbarte und geschehen ließ.

c) *Gott handelt, wo Menschen seinen Willen geschehen lassen*, wo sie seine Herrschaft in ihrem Tun, in ihrer Lebenspraxis ankommen lassen. Das gilt vom Zeugnis der Glaubenden für das eschatologische Geschehen des Gotteswillens; es gilt aber auch für das vom Wortzeugnis nicht immer schon begleitete und „kommentierte" Tatzeugnis, mit dem die Glaubenden sich in den Handlungszusammenhang der Gottesherrschaft eingliedern lassen. Dieser Handlungszusammenhang ist – auch wenn und soweit er im Handeln von Menschen geschieht – nur von Gott her möglich und wirklich. *Er* läßt die Gottesherrschaft Realität werden, weil er möglich macht, was die Menschen von sich aus nicht vermögen: einander in Liebe gerecht zu werden. *Sein Geist* läßt die Glaubenden auf die Verheißungen der Liebe vertrauen, darauf bauen, daß die Gottesherrschaft eine realistische und heilvolle Alternative zur Menschenherrschaft ist; so gibt er ihnen die Möglichkeit, sich auf das Geschehen der Gottesherrschaft zu verlassen und sie in eigenem Tun ankommen zu lassen. Das Tun des Einen (des Menschen) ist das Tun des Anderen (des Geistes Gottes), da es nur als „Mithandeln" mit dem Geist geschichtliche Wirklichkeit werden kann. Aber auch hier gilt: Das Wirken des Geistes ist verborgen für den, der nur nach „adäquaten" Gründen fragt. Für ihn ist allenfalls denkbar, daß die Lebenspraxis der Glaubenden motiviert sein mag von der Gewißheit, Gott werde seinem Willen Geltung verschaffen und die Gottesherrschaft Wirklichkeit werden lassen. Aber er muß diese „Motivation" nicht auf das Wirken des Geistes zurückführen; er kann sie auch als lebensdienliche Selbsttäuschung verstehen.

d) *Gott handelt, indem er die Liebe ermöglicht,* indem er die Voraussetzungen dafür schafft, daß es zu liebendem Gerechtwerden kommen kann. Damit ist Gott *als Schöpfer* angesprochen: Die Schöpfung ist der „Raum", in dem es zur Liebe kommen kann, und als solche ist sie das Werk des Schöpfers; Gott will die Welt, „quia vult condiligentes" (Johannes Duns Scotus[59]). Damit ist zugleich auch die „fortwährende Schöpfung" und speziell Gottes Vorsehung angesprochen. Der Vorsehungsglaube wird traditionellerweise so verstanden, als gehe er davon aus, daß Gott in allem, was den Menschen betrifft, der „eigentlich" Handelnde sei. Diese Vorstellung der Allwirksamkeit Gottes führt in die unauflösbaren Aporien des Theodizeeproblems. Ist es – im Blick auf den Gekreuzigten und auf die Art, wie in ihm und durch ihn Gottes Wille geschah – nicht angemessener, davon zu sprechen, Gottes Vorsehung stehe dafür ein, daß in jeder Situation Gottes Wille geschehen und der Mensch zum „Mitliebenden" werden könne? Ein Satz, der nach Auschwitz noch befremdlich genug klingt. Ja, man wird ihn noch zuspitzen dürfen (müssen): Gottes Vorsehung steht dafür ein, daß den Mitliebenden nichts zum Verderben werden kann, daß sie in allem siegreich bleiben, auch wenn ihr Sieg im Tod verborgen ist (vgl. Röm 8,37ff). Wenn man nur auf den Lauf der Welt blickt, spricht für diese Hoffnung vielleicht nichts außer der prekären Tatsache, daß sie – gerade angesichts des Weltlaufs und seiner abgrundtiefen Amoralität – die einzige Hoffnung ist, die noch bleibt. Oder spricht für sie nicht doch auch, daß Menschen – und insbesondere der „Menschensohn" – in jeder Situation Mitliebende werden konnten?

e) *Gottes Handeln wird als solches offenbar, wenn sein Wille uneingeschränkt und endgültig geschieht,* wenn aller Widerstand und Widerwillen gegen die Liebe überwunden sein wird. Gottes Handeln kommt zum Ziel, wenn die Liebe allein und Gott in ihr herrschen wird, wenn er aus seiner Verborgenheit heraustritt und für alle, an allen offenbar wird als die Macht, die die Wirklichkeit im Letzten (und zuletzt) bestimmt. Ist Gottes Handeln aber nicht schon mit der Auferweckung des Sohnes als das nicht

---

[59] Opus Oxoniense III d.32 q. 1 n. 6. Vgl. dazu *H. Kessler,* Sucht den Lebenden nicht bei den Toten (s. Anm. 2) 291 f.

mehr durch menschliche Aktivität vermittelte, „radikal innovatorische" Auferweckungs- und Vollendungshandeln aus seiner Verborgenheit und Verwechselbarkeit mit innerweltlichen Vorgängen hervorgetreten?[60] Die Auferweckung des Gekreuzigten ist nicht verwechselbar mit innerweltlichen Vorgängen, da angesichts des Todes nur Gott selbst noch handeln kann. Aber die Vergewisserung von diesem Handeln Gottes am Gekreuzigten ist mit innerweltlichen Vorgängen – mit „subjektiven" Visionen und Halluzinationen, mit Selbstsuggestion – verwechselbar; kaum für die Urzeugen selbst, die ihre Ostergewißheit nicht selbst psychologisierend in Frage gestellt haben dürften und ihr Leben auf diese Gewißheit setzten; wohl aber für die Jünger „zweiter Hand", die vor der Entscheidung stehen, ob sie der Erfahrung der Urzeugen trauen. Sie können ihr trauen, wenn sie dem Gott trauen, der sich im Leben Jesu, in seinem „Gehorsam bis in den Tod" und schließlich in der Erfahrung der Osterzeugen bezeugte; sie können ihr trauen, wenn sie die Geschichte Jesu Christi bis hin zur Ostergewißheit der Urzeugen als Geschichte des Handelns Gottes und Gott von dieser Geschichte her zu verstehen suchen. Sie können an diesen Gott glauben, weil er ihnen in der Geschichte seines Heilshandelns als der dem Menschen – seinen Hoffnungen, seiner Welt- und Selbsterfahrung, seinem Scheitern, seinem Ausgeliefertsein – schlechthin gerechtwerdende Gott entgegenkommt.

---

[60] Vgl. dazu *H. Kessler,* ebd. (s. Anm. 2) 291 ff; vgl. auch die vorhergehenden Seiten, auf denen Kessler eine der hier vorgelegten ähnlichen Typologie des Handelns Gottes entfaltet.

Ostern als Urdatum des Christentums

Zu Wolfhart Pannenbergs Theologie der Auferweckung Jesu

von

GUNTHER WENZ

Ostern ist das Urdatum des Christentums; daran lassen die neutestamentlichen Zeugen von Anbeginn keinen Zweifel: die gesamte Botschaft des Neuen Testaments ist, das bedarf keines Beweises, implizit durch das Zeugnis vom Ostergeschehen geprägt. Explizit wird dieses Zeugnis insonderheit in Gestalt katechismusartiger Überlieferungsstücke, kerygmatischer und hymnischer Formeln, dogmatischer und pastoraler Reflexionen, in den Ostergeschichten der Evangelien sowie in den Reden der Apostelgeschichte. Dabei fungiert die Vorstellung der Auferweckung bzw. Auferstehung als die wichtigste Kategorie, dem geheimnisvollen Osterereignis angemessenen Ausdruck zu verleihen.

Nach dem Sinngehalt dieser Vorstellungskategorie in Geschichte und Gegenwart wird man deshalb zunächst (I.) zu fragen haben, wenn man die Bedeutung des Ostergeschehens ergründen will. Des weiteren (II.) wird zu erörtern sein, wie sich zur religiösen Auferstehungshoffnung im allgemeinen die Rede von der Auferweckung bzw. Auferstehung Jesu im besonderen verhält. Auf der Basis der damit erreichten Begriffsklärungen sollen sodann neben dem Problem der Historizität der Auferweckung Jesu (III.) die christologischen (IV.), theologischen (V.), anthropologischen (VI.) und pneumatologischen (VII.) Aspekte des Ostergeschehens entfaltet werden. Ich orientiere mich dabei durchgängig und fast ausnahmslos an Wolfhart Pannenbergs 1964 erstmals, 1976 in fünfter und bislang letzter Auflage erschienener (im übrigen mehrfach übersetzter) Monographie ‚Grundzüge der Christologie‘.[1] Auf einige weitere thematisch einschlägige Beiträge Pannenbergs wird in den Anmerkungen verwiesen.

---

[1] *W. Pannenberg,*Grundzüge der Christologie, Gütersloh 1964. Die nachfolgenden Seitenverweise im Text beziehen sich hierauf. Zitate aus dem Nachwort der 5. Auflage (1976) werden durch eine hochgestellte 5 gekennzeichnet. Zu vergleichen sind ferner insbesondere folgende Texte: Dogmatische Erwägungen zur Auferstehung Jesu, in: KuD 14 (1968) 105–118; Tod und Auferstehung in der Sicht christlicher Dogmatik, in: KuD 20 (1974) 167–180; Die Auferstehung Jesu und die Zukunft des Menschen, in: KuD 24 (1978) 104–117; diese drei Studien sind wiederabgedruckt in: *W. Pannenberg,* Grundfragen systematischer Theologie. Gesammelte Aufsätze. Band 2, Göttingen 1980, 146–187.
Aus der umfangreichen Sekundärliteratur seien folgende Titel erwähnt: *W. Andersen,* Auferstehung und Wirklichkeit. Überlegungen z. W. Pannenbergs „Grundzüge der Christologie", in: Lutherische Monatshefte 5 (1966) 141–151; *H.-G. Geyer,* Die Auferstehung Jesu Christi. Ein Überblick über die Diskussion in der gegenwärtigen Theologie, in: W. Marxsen, U. Wilckens (u.a. Hrsg.), Die Bedeutung der Auferstehungsbotschaft für den Glauben an Jesus Christus, Gütersloh 1966, bes. S. 91–117; *K. Kienzler,* Logik der Auferstehung: eine Untersuchung zu R. Bultmann, G. Ebeling und W. Pannenberg. Diss. Freiburg/

I.

In der metaphorischen (vgl. 70ff; 189 u.a.) Rede von einer Auferstehung bzw. Auferweckung kann der alltägliche Vorgang des Aufstehens bzw. Gewecktwerdens vom Schlaf zum einen eine vorübergehende postmortale Wiederbelebung bezeichnen, zum anderen als Gleichnis dienen für die Eröffnung eines unvergänglichen, von keinem Tod umfangenen, ewigen Lebens, dessen Verwirklichung sich den Möglichkeiten des Menschen und allen innerweltlichen Seins entzieht und nur von einem göttlichen Wirkvermögen zu erwarten ist. Literarische Hinweise auf wundersame Wiederbelebungen sowie Anzeichen für eine Auferstehungshoffnung zeigen sich in unterschiedlicher Ausprägung in vielen Religionen, etwa im chinesischen, indischen und iranischen Traditionsbereich. Während der Auferstehungsgedanke im AT explizit nur am Rande vorkommt, wird er durch die Apokalyptik bestimmend für den Glauben des späteren Juden-

---

Br. 1976; *B. Klappert*, Diskussion um Kreuz und Auferstehung. Zur gegenwärtigen Auseinandersetzung in Theologie und Gemeinde, Wuppertal ⁴1971; *A. Suhl*, Zur Beurteilung der Überlieferung von der Auferstehung Jesu in Wolfhart Pannenbergs „Grundzüge der Christologie", in: Neue Zeitschrift für Systematische Theologie 12 (1970) 249–308; *D. Beechler*, The Centrality of the Resurrection in W. Pannenberg's Christology „from below". Diss. University of St. Thomas. Rom 1973; *H. Burhenn*, Pannenberg's Argument for the Historicity of the Resurrection, in: Journal of the American Academy of Religion 40 (1972) 368–379; *W. Clark*, Jesus, Lazarus, and others: Resuscitation or resurrection?, in: Religion in Life 46 (1977) 186–197; *J.B. Cobb*, The Resurrection of Jesus in the Theology of W. Pannenberg. Diss. Southwestern Baptist 1972; *Ders.*, Pannenberg's Resurrection Christology: A Critique, in: Theological Studies 35 (1974) 711–721; *Ders.*, Response to Pannenberg, in: R.R. Griffin/T.A. Altizer (Hrsg.), J. Cobbs Theology in Process, Philadelphia 1977, 185–192; *D.P. Fuller*, The Resurrection of Jesus Christ and the Historical Method, in: Journal of Bible and Religion 34 (1966) 18–24; *R. Goff*, The Resurrection of Jesus as a Basis of Hope for the Future in the Theologies of Pannenberg and Moltmann: A theological Dialogue. Diss. Wesley Theological Seminary 1974; *G.H. Klooster*, Historical Method and the Resurrection in Pannenberg's Theology, in: Calvin Theological Journal 11 (1976) 5–33; *B. Mc Dermott*, Pannenberg's Resurrection Christology: A Critique, in: Theological Studies 35 (1974) 711–721; *G. Michalson*, Pannenberg on the Resurrection and historical Method, in: Scottish Journal of Theology 33 (1980) 345–359; *D.L. Migliore*, How historical is the Resurrection: A Dialogue, in: Theology Today 33 (1976) 5–14; *W. Nayalis*, The Resurrection of Jesus as Metaphor in the Theology of W. Pannenberg. Diss. Notre Dame University. Indiana 1979; *Th. F. Peters*, Jesus' Resurrection: An Historical Event without Analogy, in: Dialog 12 (1973) 112–116; *A. Richardson*, Resurrection of Jesus Christ, in: Theology (1971) 146–154.

tums, wenngleich er nicht unumstritten bleibt, wie die Auseinandersetzungen zwischen Pharisäern und Sadduzäern beweisen.

Was die von der Apokalyptik initiierte Hoffnung des nachexilischen Judentums auf eine Auferweckung von den Toten betrifft, so war sie stets aufs engste verbunden mit der Erwartung des anbrechenden Endgeschehens. Totenauferstehung im strengen Sinn ist ein eschatologisches Ereignis und als solches klar abzuheben von einer befristeten Wiederbelebung eines oder mehrerer Leichname. Neben dem spezifischen Heilscharakter (74f) der apokalyptischen Auferstehungshoffnung unterstreicht Pannenberg daher nachdrücklich die mit ihr verbundene Vorstellung einer elementaren Verwandlung des alten irdischen Daseins (75ff). Auf sie greifen Paulus und die ältesten christlichen Zeugen zurück, sofern auch sie unter Auferstehung „das neue Leben eines neuen Leibes, nicht Rückkehr des Lebens in den gestorbenen, aber noch unverwesten Fleischesleib" (71) verstehen. Zwar soll die mit der eschatologischen Totenauferweckung statthabende Verwandlung dem jetzigen, sterblichen Leib widerfahren; gleichwohl gibt es „keine substantielle oder strukturelle Kontinuität von der alten zur neuen Existenz", sondern lediglich „eine geschichtliche Kontinuität im Sinne des kontinuierlichen Übergangs im Vollzug der Verwandlung selbst. Der Ausdruck ‚geschichtliche Kontinuität' meint dabei nur diejenige Verbindung zwischen Anfangs- und Endpunkt, die in dem noch so radikal gedachten Verwandlungsvorgang selbst liegt" (72). Darin sieht Pannenberg zugleich den Kontrast der apokalyptisch-urchristlichen Auferstehungshoffnung zur griechischen Idee einer Unsterblichkeit der Seele begründet. Diese verkenne, was jene zum wesentlichen Inhalt habe, daß nämlich das sog. ‚Leben jenseits des Todes' nur „als eine andere Daseinsweise des *ganzen* Menschen" (83) gedacht werden kann.

Ist der Bedeutungsgehalt der apokalyptischen Erwartung einer Auferstehung der Toten soweit geklärt, so stellt sich die Frage, ob ihr gegenwärtig noch eine verbindliche Relevanz zukommen kann. Pannenberg bejaht dies, indem er versucht, die Auferstehungshoffnung „als philosophisch sachgemäße(n) Ausdruck der menschlichen Bestimmung zu begründen" (84). Gilt der anthropologische Befund, „daß die Wesensbestimmung des Menschen in der Endlichkeit seines irdischen Lebens nicht zu endgültiger Erfüllung kommt" (79), dann gehört es „zum Wesen wachen Menschseins …, über den Tod hinaus zu hoffen" (81). Insofern kann die apokalyptisch-urchristliche Hoffnung einer Auferstehung der Toten auch heute noch ein Ausdruck menschlicher Umweltfreiheit bzw. Weltoffenheit und ein Indiz der unendlichen Bestimmung des Menschen sein – und das um so mehr, als sie immer schon von der durch die moderne Anthropologie bestätigten „Relativität und Verbundenheit aller menschlichen Lebensmomente untereinander" (83), kurz: von der leibseelischen Einheit des Menschen ausgeht, während ihr der dem Griechentum vorschwebende, mittlerweile obsolet gewordene „Gedanke einer leiblos existierenden Seele" (83) von Anbeginn fremd ist.

Stellt die Vorstellung von einem ‚Leben jenseits des Todes' sonach einen nicht nur unumgänglichen, sondern in bestimmter Weise auch einen auf seine Sachgemäßheit hin überprüfbaren anthropologischen Elementarfaktor dar, so bleibt zu erörtern, wie sich die religiöse Auferstehungshoffnung zum Ostergeschehen, will heißen: zur Auferweckung bzw. Auferstehung Jesu verhält. Pannenbergs Antwort ist eindeutig: „Die Auferstehungserwartung muß schon vorausgesetzt sein, als traditionell gegebene oder als anthropologisch, philosophisch zu begründende Wahrheit, wenn man von der Auferweckung Jesu spricht. Daß diese Erwartung an Jesus schon Ereignis geworden ist, kann rückwirkend die Wahrheit der Erwartung erhärten, sie aber nicht erst begründen." (77) Zwar gesteht Pannenberg zu, daß die apokalyptische Erwartung der Totenauferstehung durch das Ostergeschehen auch modifiziert worden sei (vgl. 79 u.a.); gleichwohl setze das Ostergeschehen den eschatologischen Horizont der Apokalyptik voraus, um in seiner Bedeutung überhaupt verstanden zu werden.

II.

Die Bedeutung der Auferweckung Jesu in der traditionsgeschichtlichen, durch die apokalyptische Zukunftserwartung geprägten Situation des Urchristentums entfaltet Pannenberg unter sechs Aspekten, die hier zunächst nur aufgelistet werden können: „a) Wenn Jesus auferweckt ist, dann ist das Ende der Welt angebrochen. ... b) Wenn Jesus auferweckt ist, dann kann das für einen Juden nur bedeuten, daß Gott selbst das vorösterliche Auftreten Jesu bestätigt hat. ... c) Durch seine Auferweckung von den Toten rückte Jesus so nahe mit dem Menschensohn zusammen, daß sich die Einsicht nahelegte: der Menschensohn ist kein anderer als der wiederkommende Jesus. ... d) Wenn Jesus, von den Toten auferweckt, zu Gott erhöht ist, und wenn damit das Ende der Welt angebrochen ist, dann ist in Jesus Gott endgültig offenbar. ... e) Aus der eschatologischen Auferweckung Jesu als Auferweckung des Gekreuzigten ist der Übergang zur Heidenmission motiviert. ... f) ... Was die urchristliche Tradition als Worte des Auferstandenen überliefert, ist seinem

Inhalt nach als Explikation der der Auferweckung selbst eigenen Bedeutung zu verstehen." (Vgl. 61 ff; bei P. gesperrt.) Diese Thesenreihe, die hier allenfalls ansatzweise interpretiert werden kann, setzt dezidiert voraus, daß die Einheit Jesu mit Gott „noch nicht durch den in seinem vorösterlichen Auftreten implizierten Anspruch" oder gar durch seinen Tod am Kreuz begründet ist, „sondern erst durch seine Auferweckung von den Toten" (47; bei P. gesperrt; vgl. 63 Anm. 46). Wird hingegen, wie das in nicht wenigen christologischen Konzeptionen der Fall ist, die Einheit Jesu mit Gott durch den Vollmachtsanspruch seiner Verkündigung und seines Wirkens begründet, läuft das nach Pannenberg sowohl auf eine Mißachtung der elementaren Bedeutung Osterns für die Christologie als auch auf eine Verkennung der Eigentümlichkeit des Vollmachtsanspruches des vorösterlichen Jesus hinaus. Denn charakteristisch für Jesu Vollmachtsanspruch, so Pannenberg, ist dessen proleptische, auf zukünftige Bestätigung durch Gott ausgerichtete Struktur. Worte und Werke Jesu blieben, wie das auch bei Apokalyptikern und Propheten der Fall war, auf künftige Bewährung hin angelegt, „auf eine Bestätigung, die Jesus selbst nicht mehr leisten konnte, eben weil und insofern es sich dabei um die Legitimierung seiner eigenen Person handelte, die an das Eintreffen des angekündigten Endgeschehens gebunden ist. Die Frage nach solcher künftigen Bestätigung des Anspruches Jesu durch Gott selbst wird offengehalten durch die zeitliche Differenz zwischen dem in Jesu Auftreten schon gegenwärtigen Anbruch der Gottesherrschaft und ihrer doch erst künftigen Vollendung beim Kommen des Menschensohnes auf den Wolken des Himmels. Auch die Jünger des vorösterlichen Jesus konnten seinem Vollmachtsanspruch nur folgen im Vertrauen auf seine künftige Bestätigung durch Gott selbst, bzw. durch den Vollzug des Endgeschehens" (60).

Dieses Vertrauen der Jünger aber mußte, ebenso wie Jesu Vollmachtsanspruch selbst, durch den Schmachtod am Kreuz in eine grundstürzende Krise geraten. Gerade von der Struktur seines irdischen Vollmachtsanspruchs her, der nicht den Charakter in sich ruhender Selbstgewißheit hatte, mußte Jesus seinen Tod „als nur zu erleidendes und hinzunehmendes Widerfahrnis" (251), als Geschick erfahren. Mit seltener Nachdrücklichkeit hebt Pannenberg die abgründige Passivität des Kreuzesleidens Jesu hervor; er unterscheidet sich damit bewußt von einer langen Tradition, die den theologischen Akzent mehr oder minder ausschließlich auf den aktiven Leidensgehorsam Jesu legte. Pannenberg entdeckt darin eine – in der Fehlbestimmung des Vollmachtsanspruchs Jesu begründete – Verharmlosung von dessen Todesgeschick, und zwar sowohl in bezug auf

Jesu eigenes Empfinden, als auch im Hinblick darauf, wie sein Kreuzestod von anderen erlebt werden mußte. Wie immer die Frage zu beurteilen ist, ob Jesus mit der Möglichkeit seines Todes in Jerusalem gerechnet (vgl. 60) oder gar die entscheidende Konfrontation bewußt angestrebt hat, ausdrücklich bestritten wird von Pannenberg, daß Jesus im Tode als solchem die Vollendung seiner Sendung gesehen habe; viel eher sei damit zu rechnen, daß auch die auf Gott bezogene Grundbefindlichkeit des Selbstbewußtseins Jesu „in das Scheitern seiner Botschaft mit hineingezogen worden ist" (343). Vergleichbares ist in bezug auf das Urteil der Umwelt zu sagen: „… wenn das Kreuz das Letzte ist, was wir von Jesus wissen, dann ist er – zumindest für das jüdische Urteil – mit seinem Auftreten gescheitert, und es ist dann auch nicht einzusehen, was er Nichtjuden zu sagen haben soll, was sie über den Umkreis ihrer sonstigen Erfahrung grundsätzlich hinausführt." (110) Das Kreuz Jesu bedeutet für sich genommen sonach einen nicht auszulotenden Bruch und eine fundamentale Infragestellung des gesamten Lebensanspruchs Jesu. Ist das Kreuz das letzte Wort, das von Jesus zu sagen ist, dann müßte nach Pannenberg der Vorwurf der Gotteslästerung wegen Gesetzesübertretung und Inanspruchnahme einer nur Gott zustehenden Vollmacht, welcher „das eigentliche Motiv für das Vorgehen der jüdischen Behörde gegen Jesus gewesen sein (dürfte)" (258), gemäß Jesu eigenem Selbstverständnis als bestätigt gelten.

Kein Wort vom Kreuz also ohne Ostern! „Erst von der Auferweckung Jesu her erhält alles ein anderes Licht. Wenn die Auferweckung Jesu von den Toten nur als eine Tat Gottes selbst an Jesus, somit nur als Bestätigung seines vorösterlichen Auftretens verstanden werden konnte, dann stürzt sie das begründete Urteil der Juden um. Wenn Jesus wirklich auferweckt worden ist, dann – und nur dann – ist nicht Jesus, sondern der, der ihn im Namen des Gesetzes verwarf, der Gotteslästerer gewesen. Ja, sogar noch mehr: Wenn der im Namen des Gesetzes verworfene Jesus von Gott auferweckt worden ist, dann ist damit das überlieferte Gesetz selbst als zumindest unzulänglicher Ausdruck seines Willens enthüllt" (261), was die Bedingung der Möglichkeit paulinischer Theologie, der Heidenmission (vgl. etwa 67f), mithin des Christentums selbst darstellt.

III.

Hängt sonach die Bewahrheitung des Vollmachtsanspruches Jesu, ja die Wahrheit seiner Botschaft und seines Wirkens überhaupt an der Tatsache der Auferstehung, so hat nach Pannenberg zugleich zu gelten, daß sich deren Tatsächlichkeit nur in Form eines historischen Urteils behaupten läßt. In diesem Sinne insistiert er nachdrücklich auf der Historizität der Auferweckung. „Wenn wir", so Pannenberg, „auf den Begriff eines historischen Ereignisses hier verzichten würden, dann ließe sich überhaupt nicht mehr behaupten, daß die Auferweckung Jesu bzw. die Erscheinung des auferweckten Jesus in dieser unserer Welt zu bestimmter Zeit wirklich geschehen sind. Es gibt keinen Rechtsgrund, die Auferweckung Jesu als ein wirklich geschehenes Ereignis zu behaupten, wenn sie nicht historisch als solches zu behaupten ist. Ob vor zweitausend Jahren ein bestimmtes Ereignis stattgefunden hat oder nicht, darüber verschafft nicht etwa der Glaube uns Gewißheit, sondern allein die historische Forschung, soweit überhaupt Gewißheit über derartige Fragen zu gewinnen ist." (96)

Auszugehen hat die historische Überlieferung dabei von den auf zwei verschiedene Traditionsstränge verteilten Osterüberlieferungen des Urchristentums, von den Überlieferungen von Erscheinungen des Auferstandenen, in welchem Zusammenhang dem paulinischen Bericht 1 Kor 15,1–11 die entscheidende Bedeutung zukommt, und von den Überlieferungen von der Auffindung des leeren Grabes. Was die Erscheinungstradition betrifft, so hält Pannenberg „in Anbetracht des Alters der von Paulus angeführten, geprägten Überlieferungen und der Nähe des Paulus zu den Ereignissen" die Annahme für historisch gut fundiert, „daß Erscheinungen des Auferstandenen von einer Reihe von Gliedern der urchristlichen Gemeinde wirklich erfahren und nicht etwa erst durch spätere Legendenbildung frei erfunden worden sind" (87). Über den Inhalt dieser Erfahrungen läßt sich nach Pannenberg folgendes ausmachen: Sie stehen in Beziehung zum Menschen Jesus, der allerdings nicht als irdisch-leibhaftige Person, sondern in Gestalt eines Geistleibs lichtvoll vom ‚Himmel' her erscheint, wobei die Christophanie wohl auch mit einer Audition verbunden war. Was die Art und Weise der Ostererscheinungen betrifft, so „ist zunächst zu bedenken, daß es sich um außerordentliche Schau gehandelt haben dürfte, nicht um ein jedermann sichtbares Geschehen" (90). Pannenberg spricht in diesem Zusammenhang ausdrücklich von Visionen. Damit soll allerdings keineswegs gesagt sein, daß das in den Visionen Gesehene als rein subjektiv und imaginär zu gelten hätte. Vielmehr rechnet Pannenberg mit der „Möglichkeit von visionären Erfahrungen, die nicht nur als subjektive Projektionen zu beurteilen sind" (93). Um solche, ohne die Realität des geschauten Geschehens nicht erklärbare Visionen soll es sich bei den Ostererlebnissen der Jünger handeln; die Ostererscheinungen sind mithin nicht aus einer enthusiastisch erregten Imagination der Jünger, vielmehr ist der Osterglaube der Jünger aus dem tatsächlichen Geschehen der Erscheinungen zu erklären.

Die Gründe für diese These sind im wesentlichen folgende: Zum einen hält Pannenberg es für psychologisch unwahrscheinlich, daß der durch den Kreuzestod in eine äußerste Krise geratene Glaube der Jünger zu selbsttätiger „Produktion von Bestätigungserlebnissen" (93) fähig gewesen sei; zum anderen spreche traditionsgeschichtlich nichts dafür, „daß Leute, die aus jüdischer Tradition kommen, den Anbruch der Endereignisse für Jesus allein ohne zwingenden Anlaß konzipiert hätten. Die urchristliche Kunde von der eschatologischen Auferweckung Jesu – in zeitlichem Abstand vor der allgemeinen Totenauferweckung – ist ja religionsgeschichtlich ein Novum, gerade auch im Rahmen der apokalyptischen Überlieferung. Die Urchristenheit brauchte lange, um zu lernen, daß mit der Auferstehung Jesu das Ende noch nicht allgemein angebrochen sei, sondern noch weiter auf unbestimmte Zeit ausstehe. Man sieht, wie die Osterbotschaft als Bericht von einem nur Jesus widerfahrenen Geschehen sich erst langsam im apokalyptischen Traditionshorizont profiliert hat. So etwas entsteht nicht als seelische Reaktion auf die Katastrophe Jesu" (93f). Hinzukommt als ein weiterer Einwand gegen die sog. subjektive Visionshypothese der Hinweis auf die Mehrzahl der Erscheinungen und ihre zeitliche Streuung. Ist sonach die Rekonstruktion der Genese des Urchristentums auf rein psychogene Weise nicht möglich, so wird der Historiker nicht umhin können, von der Annahme einer zwar nur symbolisch, d.h. im Rahmen der Auferweckungs-/Auferstehungsmetaphorik aussagbaren, aber nichtsdestoweniger faktischen Realität des Ostergeschehens auszugehen. „In diesem Sinne also wäre die Auferweckung Jesu als ein historisches Ereignis zu bezeichnen: Wenn die Entstehung des Urchristentums, die abgesehen von anderen Überlieferungen auch bei Paulus auf Erscheinungen des auferstandenen Jesus zurückgeführt wird, trotz aller kritischen Prüfung des Überlieferungsbestandes nur verständlich wird, wenn man es im Lichte der eschatologischen Hoffnung einer Auferstehung von den Toten betrachtet, dann ist das so Bezeichnete ein historisches Ereignis, auch wenn wir nichts Näheres darüber wissen. Als historisch geschehen ist dann ein Ereignis zu behaupten, das nur in der Sprache der eschatologischen Erwartung aussagbar ist." (95) – Was schließlich die Jerusalemer Überlieferung von der Auffindung des leeren Grabes Jesu angeht, so ist Pannenberg abermals nicht bereit, ihre Zuverlässigkeit vorweg in Abrede zu stellen, zumal da gute Gründe für ihren historischen Kern sprechen. Im übrigen werde die Behauptung der Historizität der Auferweckung durch die Beobachtung bestärkt, daß Erscheinungsüberlieferungen einerseits und Grabesüberlieferungen andererseits aller Wahrscheinlichkeit nach unabhängig voneinander entstanden sind (103).

Die positive Beantwortung der Frage der Historizität der Auferstehung Jesu ist weithin als die Hauptthese der Pannenbergschen ‚Grundzüge der Christologie‘ betrachtet worden. Darauf hat der Autor im Nachwort zur 5. Auflage selbst hingewiesen, um hinzuzufügen, wie stark die überwiegende Ablehnung dieser These durch terminologische Festlegungen, nämlich durch die „zum Vorurteil verdichtete ... Sprachregelung" beeinflußt sei, „derzufolge der Begriff des Historischen von vornherein so bestimmt wird, daß Tatsachenbehauptungen der Art, wie sie in den urchristlichen Osterüberlieferungen auftreten, in ihm keinen Platz haben können" (^{5}417). Das ist insbesondere dann der Fall, wenn die zweifellos gegebene heuristische Relevanz des Analogieprinzips im Rahmen historischer Forschung gleichsam metaphysisch überhöht wird mit der Folge, daß eine elementare Gleichartigkeit allen historischen Geschehens unterstellt und das Einmalig-Singuläre und sonach auch das Ostergeschehen vorweg aus dem Bereich historischen Forschens ausgeschieden wird. Pannenberg kritisiert ein solches Postulat einer ‚Allmacht der Analogie‘ (Ernst Troeltsch) ausdrücklich und will im Gegensatz zur herrschenden Sprachkonvention auf den Begriff der Historizität in bezug auf die Auferwekkung Jesu nicht verzichten. „Denn mit der Historizität pflegt sich auch die Ereignishaftigkeit in subjektive Eindrücke der ‚Zeugen‘ aufzulösen. Hinter dem wolkigen Gerede vom ‚Osterglauben‘ entzieht sich denn auch so mancher Autor schamhaft dem Interesse seiner Leser daran, was er denn nun von der Zuverlässigkeit der für den christlichen Glauben grundlegend gewordenen Osterüberlieferung hält." (^{5}417)

IV.

Wie sich zeigte, bedeutet für Pannenberg die Auferweckung Jesu in der traditionsgeschichtlichen Situation des Urchristentums die Antizipation des Weltendes und damit die irreversible, weil eschatologische Bestätigung des irdischen Jesus durch Gott. An Ostern ist der gekreuzigte Jesus von Nazaret in der Kraft des göttlichen Geistes als der Messias Israels und der Christus der Heiden erwiesen, als der lebendige Sohn Gottes, welcher ganz und wesentlich der Gottheit Gottes zugehört. Von Gott zu reden heißt fernerhin von Jesus, von Jesus von Gott zu reden. Denn im auferstandenen Gekreuzigten sind Gott und Gottes ewiges Leben selbst offenbar. Es verdient in diesem Zusammenhang bemerkt zu werden, daß Pannenberg trotz seiner teilweise scharfen Kritik an Karl Barth dessen Begriff der Selbstoffenbarung Gottes ausdrücklich aufnimmt und dezidiert die Auffassung teilt, das Bekenntnis zur Einzigkeit der Offenbarung sei christologisch ebenso unaufgebbar wie der Gedanke strenger Wesensidentität Gottes und seines Offenbarers. Die Weise der Gegenwart Gottes in seinem Offenbarer ist nach Pannenberg insofern unterbestimmt, wenn sie als bloße Geist- bzw. Erscheinungsgegenwart oder im Sinne einer Mittlerchristologie aufgefaßt wird (113–124). Darauf wird noch näher einzugehen sein, wenn die theologischen, näherhin trinitätstheologischen Implikationen des Ostergeschehens genauer erörtert werden. Hier ist lediglich festzuhalten, daß an Ostern Jesu Einheit mit Gott und mithin Jesu eigene Gottheit endgültig offenbar ist.

Bemerkenswert ist ferner, daß Pannenberg mit dieser These nicht den naheliegenden Gedanken „einer erst durch die Auferweckung erfolgten Erhebung Jesu zur Teilhabe an der Gottheit Gottes" (135f) verbindet. „Jesus wird (sc. durch die Auferweckung) nicht einfach zu etwas, was er vorher nicht gewesen wäre, sondern sein vorösterlicher Anspruch wird von Gott her bestätigt." (134) Allerdings wird diesem Bestätigungsgeschehen nicht nur eine noetisch-retrospektive, sondern zugleich eine ontisch-retroaktive Funktion zuerkannt. Es hat zu gelten, daß Jesus von seiner Auferweckung her „als der erkannt (wird), der er schon vorher war, als der er allerdings vor Ostern nicht nur nicht erkannt war, sondern der er auch nicht sein würde ohne das Ostergeschehen" (136).

Die Annahme einer solchermaßen rückwirkenden Kraft der Auferstehung nimmt in Pannenbergs systematischer Argumentation neben dem Gedanken eschatologischer Antizipation eine Schlüsselstellung ein. Sie erlaubt es insbesondere, die Wahrheitsmomente der traditionellen Vorstellungen einer Adoptions- (131 ff), Inkarnations- (140 ff) und schließlichen Präexistenzchristologie (150 ff) zu integrieren, die Pannenberg als „sinnvolle(n) *Ausdruck* ... für die volle Zugehörigkeit Jesu zum ewigen Gott" (150) gelten läßt, ohne ihrer tendenziellen Abstraktion von der historisch-zeitlichen Bestimmtheit der Gestalt Jesu zu folgen. Festgehalten an der Präexistenzvorstellung wird wohl ihre Betonung der „Untrennbarkeit Jesu von Gott ...", nicht aber die Unterscheidung der Gottesgemeinschaft Jesu als einer ewigen von seiner menschlichen Gestalt, die zeitlich und vergänglich wäre" (154). Denn die (mythische) „Unterscheidung eines präexistenten Gottwesens von dem Menschen Jesus, bzw. seiner irdischen

Erscheinung, trennt … vorstellungsmäßig das, was im Daseinsvollzug Jesu gerade zusammengehört" (154). Für Pannenberg handelt es sich bei der (in bestimmter Weise durchaus notwendigen) Unterscheidung zwischen dem ewigen Sohn Gottes und dem Menschen Jesus demnach „nur um zwei verschiedene Aspekte des einen Jesus Christus" (155). Mit dieser Einsicht ist zugleich die Aufgabe einer Revision der traditionellen Zwei-Naturen-Lehre gestellt. Während für die klassische „Zweinaturenformel nicht die konkrete Einheit des geschichtlichen Menschen Jesus der vorgegebene Ausgangspunkt (ist), sondern vielmehr die Verschiedenheit des göttlichen und des menschlich-geschöpflichen Wesens überhaupt" (292), gilt für Pannenberg grundsätzlich, daß „die Frage nach dem Verhältnis des Göttlichen und des Menschlichen in Jesus … nicht abgesehen von den konkreten Zügen und Begründungszusammenhängen auf beiden Seiten gestellt werden (darf), nicht als Frage nach einer Einheit von Gott und Mensch überhaupt, sondern nur als Frage nach der Einheit dieses besonderen menschlichen Lebens mit dem Gott Israels, wie er in Jesus offenbar ist" (291). Nur unter dieser Voraussetzung gelten ihm die Aporien als überwindbar, wie sie zunächst am Gegensatz von alexandrinischer und antiochenischer Christologie, dann an der Formel von Chalcedon und ihren Folgestreitigkeiten (vgl. 295–305) bis hin zur Lehre von der communicatio idiomatum (305–317) sowie von der Kenose des Gottmenschen bzw. Logos zutage treten (317–334). Erneut kommt für die Lösung des Problems dem „Bestätigungssinn der Auferweckung Jesu mit der ihm eigenen rückwirkenden Kraft" (317) eine zentrale Bedeutung zu; ausdrücklich wird er als „Angelpunkt für die Erkenntnis der Person Jesu" verstanden (317). Denn er überwinde „das Dilemma zwischen einer *entweder* schon anfänglich vollendeten *oder* erst durch ein späteres Ereignis des Weges Jesu verwirklichten Einheit mit Gott" (317).

Die Einheit Jesu mit Gott wird sodann näherhin als Personeinheit begriffen. Indem sein gesamtes Dasein auf die Zukunft des göttlichen Vaters aus ist, das Bewußtsein seiner selbst in diesem allein sich gründet (vgl. 336ff), ist Jesus als der Sohn eins mit Gottvater. Die Sohnschaft Jesu ist also durch sein Verhältnis zum göttlichen Vater vermittelt, wie es in seinem Verhalten und in seinem Geschick als schlechthinnige Hingabe manifest ist. „Eben als der dem Vater ganz Gehorsame ist er der Offenbarer der Gottheit Gottes und also selbst untrennbar dem Wesen Gottes zugehörig. So ist er der Sohn." (347) Die Einheit Jesu mit dem Sohne Gottes ist demnach nicht unmittelbar, sondern indirekt zu fassen. Nur von daher läßt sich schließlich auch die Lehre von der Enhypostasie Jesu im Logos in einer Weise reformulieren, die der wahren Menschheit Jesu voll gerecht wird (349 ff). Es verdient in diesem Zusammenhang erwähnt zu werden, daß Pannenberg den „Gnadencharakter des Verhältnisses Jesu zum Vater … nicht unvermittelt auf den Logos zurück(führt), sondern dem Gottesgeist zu(schreibt), der Jesu Gemeinschaft mit dem Vater begründet und ihn im Lichte von Ostern als den Sohn erweist". „Daß aber", so Pannenberg weiter, „der Geist der Gemeinschaft Jesu mit dem Vater der Geist der *ewigen* Gemeinschaft des Sohnes mit dem Vater ist, die in der Geschichte Jesu zur Erscheinung kommt, gilt nicht unabhängig vom Vollzug dieser Geschichte, die Jesus als den Sohn erweist." ([5]425)

Pannenberg faßt zusammen: „Die Identität Jesu mit dem ewigen Sohn Gottes ist somit eine dialektische: Das Verständnis dieses Menschen in seiner Menschlichkeit schlägt um in das Gegenteil, führt auf das Bekenntnis zu seiner ewigen Gottheit. Umgekehrt kann alles Reden von einem ewigen Sohne Gottes immer nur durch Rekurs auf die Besonderheit dieses Menschen, auf die Einheit dieses Menschen mit Gott hinreichend begründet werden. Die Synthese dieser Dialektik, die Einheit von Gott und Mensch in Jesus Christus, hat ihre Vollgestalt nur in der Geschichte seines Daseins, und zwar nicht nur seines historischen, irdischen Daseins in seiner isolierten Individualität, sondern in der Geschichte seines Daseins, sofern es von seiner historischen Partikularität her die Gesamtheit aller Wirklichkeit umgreift." (355) Wie an der gesamten Argumentationsfolge, so ist auch an ihrer Zusammenfassung insbesondere folgendes bemerkenswert: Die Einheit Gottes und des Menschen ist christologisch nicht zusammenzudenken aus vorgefaßten Begriffen von Gottheit und Menschheit, sondern wahrzunehmen als jene konkrete, an Ostern manifeste Wirklichkeit, gemäß welcher Gott als dieser Jesus wirksam ist zum Heile von Mensch und Welt. Sofern aber Gott als dieser Mensch Jesus offenbar und Jesus als dieser Mensch Gott ist, stellt sich die passive Auferweckung, wie sie der Gekreuzigte erfährt, zugleich als aktiv-lebendige Auferstehung dar; Auferweckung und Auferstehung bezeichnen mithin zwei zu unterscheidende, aber nicht zu trennende Aspekte eines Geschehenszusammenhangs. Hinzuzufügen ist, daß die österlich manifeste Wirkpräsenz Gottes in Jesus als Dasein ewigen Lebens zu interpretieren ist, ohne dabei die Differenziertheit des Temporären in planer Gleichzeitigkeit untergehen zu lassen.

V.

Daß die skizzierten christologischen Überlegungen von sich aus eine theologische, näherhin trinitätstheologische Explikation erforderlich machen, läßt sich unschwer erkennen. Pannenberg selbst bestätigt die Notwendigkeit dieses Sachverhalts ausdrücklich, wenn er im Nachwort zur 5. Auflage seiner Christologie einräumt, daß die „Frage nach der inneren Konstitution der Person Christi durch die Gegenwart Gottes in ihm" ihre hinreichende Lösung „nur aus dem Gottesgedanken selbst" finden kann ([5]423). Nun läßt sich, auch wenn die Wirklichkeit Gottes in den ‚Grundzügen der Christologie' nur „als *Voraussetzung* der Christologie behandelt und nicht eigentlich in ihr thematisch" ([5]421) wird, der Ansatz einer trinitarisch verfaßten Gotteslehre durchaus identifizieren. „Daß die Einheit Jesu mit Gott nicht als Identität schlechthin, sondern als trinitarische Identität gedacht werden muß, kommt in den Ausführungen des ersten Teils zur Trinitätslehre durch das Argument zum Ausdruck, daß die Differenz, die Jesus zwischen sich und dem Vater festgehalten hat, ebenfalls zur Gottheit Gottes gehören muß, wenn Gott nicht ohne Jesus Christus zu denken ist …" ([5]423 f). Zum Wesen des im Christusgeschehen offenbaren Gottes gehört also eine irreduzible Zweiheit, die den Gedanken einer unterschiedslosen Identität ausschließt, ohne die Einheit Gottes zu destruieren. Denn die Einheit besteht gerade in der vorbehaltlosen Anerkennung der Zweiheit, in der wechselseitigen Hingabe von Vater und Sohn aneinander, welche das göttliche Leben ausmacht. Die Einsicht in jene wechselseitige Einigkeit von irreduzibel Verschiedenem ist übrigens, das sei nur am Rande erwähnt, grundlegend auch für den christologisch-theologischen Erkenntniszusammenhang insgesamt. Die These einer Reziprozität von Seinsordnung und Erkenntnisordnung, die sich jeder einseitigen Auflösung sperrt (vgl. [5]421) und sich methodisch adäquat nur durch die Einsicht in den wechselseitigen Verweisungszusammenhang noetischer und ontologischer Fragestellung wahrnehmen läßt, entspricht auf ihre Weise der Verfassung göttlichen Lebens. „Beruht … noetisch die Erkenntnis der ewigen Sohnschaft Jesu als dialektisch identisch mit seinem Menschsein auf der Besonderheit eben dieses Menschseins in seiner Beziehung zum göttlichen Vater, so verhält es sich ontologisch umgekehrt; denn die göttliche Sohnschaft bezeichnet den Seinsgrund, in welchem das menschliche Dasein Jesu, verbunden mit dem Vater und doch unterschieden von ihm, den Grund seiner Einheit und seines Sinnes hat." (349) In der Durchdringung dieses wechselseitigen Verweisungszusammenhangs hat die Theologie ihre Aufgabe, in deren

Vollzug sie sich zugleich – pneumatologisch – selbst thematisch wird. Dabei wird sie der doppelten Versuchung widerstehen müssen, die sachlich und methodisch erforderliche ‚Zweiheit' zuletzt doch auf eine unmittelbare Identität zu reduzieren oder aber als opakes Nebeneinander festlegen zu wollen.

Eine vom Autor selbst zugestandene Schranke der ‚Grundzüge der Christologie' ist darin zu sehen, daß sie ihrem Thema nur in einer bestimmten Einseitigkeit zu entsprechen vermochten, indem im Zuge der traditionsgeschichtlichen Betrachtungsweise von ‚unten' die Wirklichkeit Gottes, wie gesagt, nur „als *Voraussetzung* der Christologie behandelt und nicht eigentlich in ihr thematisch wird" ([5]421). Zwar gerät die Einheit der Wirklichkeit Jesu Christi und der Wirklichkeit Gottes, mithin die Einheit von Christologie und Theologie (theologischer Organisationszusammenhang), noetischer und ontologischer Fragestellung (theologischer Erkenntniszusammenhang) durchaus schon in den Blick; aber indem diese Einheit zunächst nur christologisch und nicht ebenso theologisch expliziert wird, bleibt die Argumentation an eine ihr äußerliche Voraussetzung gebunden und die avisierte Reziprozität des theologischen Gesamtverhältnisses unterbestimmt.

Daraus erwuchs Pannenberg die Aufgabe, deutlich zu machen, daß der Hingabe Jesu an den Vater, in der seine Sohnschaft und Einheit mit Gott gründet, ebensosehr die Hingabe des Vaters an den Sohn korrespondiert. Diese Aufgabe stellte sich im Hinblick auf das ganze Leben Jesu und mit besonderer Dringlichkeit im Hinblick auf seinen Kreuzestod, denn „in der Kreuzigung Jesu erreicht seine Selbstunterscheidung vom Vater, die die Bedingung seiner Identifikation als Gottessohn im Lichte seiner Auferstehung ist, ihre äußerste Schärfe" ([5]424). Insbesondere in bezug auf den Gekreuzigten versuchte Pannenberg – jedenfalls hierin in grundsätzlicher Übereinstimmung mit entsprechenden Bestrebungen etwa Jürgen Moltmanns und Eberhard Jüngels – deutlich zu machen, daß die österliche Bestätigung Jesu durch Gott in der Auferweckung nicht den Charakter einer äußerlichen Handlung hat, die das Innerste Gottes unberührt läßt; vielmehr soll gelten, daß Gott in der Auferweckung des Gekreuzigten diesen dergestalt als sein eigen angenommen hat, daß von einer Offenbarungs- und Wesensidentität Gottes mit Jesus die Rede sein *muß*, unabhängig von diesem Zusammensein Gottes mit dem gekreuzigten Jesus aber von der wahren Gottheit Gottes schlechterdings nicht mehr die Rede sein *kann*. Zwar will Pannenberg damit nicht bestreiten, daß der Gottesgedanke in bestimmter Weise die Voraussetzung der Christologie darstellt. „Aber die Weise, wie Gott durch Jesus offenbar ist, hebt eben jene ihre Voraussetzungen auf, so daß nun nur noch so wahrhaft von Gott selbst gesprochen werden kann, daß zugleich von Jesus die Rede ist." (13) An Ostern ist dies manifest. Insofern muß die Auferweckung des Gekreuzigten als Urdatum nicht nur der Christologie, sondern zugleich als Ansatzpunkt einer trinitarisch zu entwickelnden Gotteslehre gelten. Weder wäre Jesus, was er ist, nämlich der Sohn Gottes, wäre er nicht auferstanden, noch wäre Gott, was er ist, nämlich der liebende Vater, hätte er Jesus nicht auferweckt.

Den trinitätstheologischen Sinngehalt dieser österlichen Wahrheit hat Pannenberg in einer Reihe von Beiträgen erörtert, die hier zumindest ansatzweise behandelt werden sollen, weil ihre Kenntnis für die angemessene Gesamtwürdigung seiner Christologie unentbehrlich ist. Auszugehen ist von der zentralen These, daß die Sohnschaft des Menschen Jesus und die Vaterschaft Gottes durch einander vermittelt sind. „Die Auferstehung Jesu ist darum ebenso konstitutiv für die Gottheit des Vaters wie für die Gottsohnschaft Jesu. Ohne Jesu Auferweckung wäre der von Jesus verkündigte Vater nicht Gott."[2] Somit geht es „in der Geschichte des Sohnes um die Gottheit des Vaters selber ... Für den Vater ist seine eigene Gottheit vermittelt durch den Sohn, der in der Geschichte Jesu offenbar wird, so wie umgekehrt für Jesus der eine Gott ganz mit dem Vater identisch ist im Unterschied von ihm selber; und nur indem Jesus diesem von ihm unterschiedenen Gott, dem Vater, dient, *sein* kommendes Reich verkündet, erweist er sich als der Sohn. Daß aber in der Selbstunterscheidung Jesu vom Vater die Gottheit des Sohnes in ihm aufscheint, das ist das Werk des Heiligen Geistes ...".[3]

Für die trinitätstheologischen Bestimmungen folgt daraus, daß göttliche Identität und trinitarische Gemeinschaftsbeziehungen in keiner Weise gegeneinander ausgespielt werden dürfen. Die entscheidende Pointe der Pannenbergschen Argumentation besteht demgemäß in der These theologischer Gleichursprünglichkeit göttlicher Einheit und personaler Dreiheit. Einerseits ist „die Einheit Gottes ... der Dreiheit der Personen in keinem Sinne vorgegeben. Sie lebt nicht anders als in der Gemeinschaft der drei Personen, sie ist personal nur, insofern jede der drei Personen der eine Gott ist. Das gilt auch im Verhältnis der Personen zueinander. Auch den göttlichen Personen stellt sich der eine Gott dar in der anderen

---

[2] *W. Pannenberg,* Der Gott der Geschichte. Der trinitarische Gott und die Wahrheit der Geschichte, in: Grundfragen II, 112–128, 123.
[3] A.a.O., 124.

Person".[4] Eine nach dem Modell sich selbst setzender bzw. entfaltender Subjektivität konstruierte Trinitätslehre wird deshalb abgelehnt, weil sie die Gleichursprünglichkeit der göttlichen Personen verkennt. „Zwar ist ... der trinitarische Gott ein einziger, und dieser eine Gott ist nicht unpersönlich. Aber er ist Person nur in Gestalt jeweils einer der trinitarischen Personen, weil jede der Personen der Trinität nicht allein ihr Personsein, sondern auch ihre Gottheit nur durch Vermittlung ihres Verhältnisses zu den beiden anderen hat."[5]

Andererseits betont Pannenberg ebenso ausdrücklich, daß die Einheit des göttlichen Wesens „in den personalen Beziehungen" nicht aufgehe;[6] es genüge deshalb nicht, die göttliche Einheit als relationale Einigkeit der trinitarischen Personen vorzustellen, weil sonst ein Gegensatz zwischen Trinitätslehre und Monotheismus sich einstelle, welcher zwangsläufig tritheistischen Vorstellungen Vorschub leiste. Obgleich also der Gedanke einer Vorgegebenheit der göttlichen Einheit vor der personalen Dreiheit strikt abgelehnt wird, wendet sich Pannenberg doch ebenso entschieden gegen den Versuch, die göttliche Einheit von der isolierten Dreiheit der Personen herzuleiten. Zu gelten hat vielmehr, daß die Einheit des trinitarischen Gottes nicht erst von den Personen her, weder von einer, noch auch von ihrer vorausgesetzten Mehrzahl, konstituiert wird. Denn „für jede der Personen sind die anderen beiden Personen die Gestalten, in denen das eine göttliche Wesen für sie in Erscheinung tritt. Für den Sohn erscheint die Gottheit in der Gestalt des Vaters, und er weiß sich selbst durch den Geist ihrer teilhaftig. Für den Vater ist der Sohn die Verwirklichung seiner Gottheit, seines Reiches und seiner Liebe, und er hat im Geist seiner Verbundenheit mit dem Sohn zugleich die Gewißheit seiner eigenen Gottheit. Der Geist schließlich hat seine eigene Gottheit in der Gemeinschaft des Vaters und des Sohnes".[7] Gerade so läßt sich nach Pannenberg „die Einheit des göttlichen Wesens als den drei Personen nicht entgegengesetzt, sondern durch sie vermittelt denken: Jede der drei Personen hat ihre Gottheit nur in den andern beiden".[8] Jede der drei

---

[4] Ders., Die Subjektivität Gottes und die Trinitätslehre. Ein Beitrag zur Beziehung zwischen Karl Barth und der Philosophie Hegels, in: Grundfragen II, 96–111, 111.

[5] A.a.O., 110.

[6] Ders., Person und Subjekt, in: Grundfragen II, 80–95, 93.

[7] Ebd.

[8] Ebd. – Vgl. jetzt auch: ders., Probleme einer trinitarischen Gotteslehre, in: W. Baier, S. Horn, V. Pfnür (Hrsg.), Weisheit Gottes – Weisheit der Welt. Festschrift für Joseph Kardinal Ratzinger zum 60. Geburtstag, Bd. 1, St. Ottilien 1987, 329–341.

trinitarischen Personen ist demnach für die beiden anderen als göttliche Totalität auszusagen, als die manifeste Einheit ihres Selbst- und Andersseins.

VI.

Die Christologie steht insgesamt in einer doppelten Relation, die sie gleichwohl als einen Zusammenhang wahrzunehmen hat: sie steht in einer elementaren Beziehung zur Gotteslehre ebenso wie zur Lehre vom Menschen. In der theanthropologischen Lehre vom Gottmenschen wird beides zugleich thematisch. Wie aber das Inkarnationsgeschehen nur in bezug auf die Geschichte von Kreuz und Auferstehung zu verstehen ist, so bleiben die Lehre von der Homoousie des Logos mit dem Vater sowie von der personalen Einheit göttlicher und menschlicher Natur abstrakt ohne die Gestalt des auferstandenen Gekreuzigten. Nur wo er die christologische Mitte bildet, kann das theanthropologische Thema gottmenschlicher Gemeinschaft konkret und angemessen erfaßt werden.

Dessen anthropologischer Aspekt ist nun zu entfalten, nachdem in bezug auf den theologischen bereits gesagt wurde, daß das Wesen Gottes ohne seine Erscheinung in Jesus nicht angemessen zu erfassen ist. Vergleichbares gilt in anthropologischer Hinsicht: Ein rechter Begriff vom Menschen und seiner schöpfungsgemäßen Bestimmung kann nur von der Geschichte des auferstandenen Gekreuzigten her entwickelt werden, weil sie allein den Ermöglichungs- und Bewahrungsgrund eines von der Nichtigkeit der Sünde zu unterscheidenden Begriffs vom Sein des Menschen darstellt. Auch das Menschsein Jesu Christi hat mithin als Offenbarungsdatum zu gelten, das sich aus der Selbst- und Welterfahrung des sündigen Menschen nicht unmittelbar ableiten läßt. Was in bezug auf das Verhältnis von Gotteslehre und Christologie zu sagen war, ist deshalb unter anthropologischen Gesichtspunkten zu wiederholen: Zwar ist die Anthropologie der Christologie in bestimmter Weise vorangesetzt; aber die Weise, wie die Bestimmung des Menschen durch Jesus offenbar ist, hebt jene Voraussetzung auf, so daß nun nur noch so wahrhaft vom wahren Menschen gesprochen werden kann, daß zugleich von Jesus die Rede ist. Kurzum: „Als Offenbarung Gottes ist Jesus zugleich die Offenbarung des menschlichen Wesens, der Bestimmung des Menschen." (195; bei P. gesperrt) Immer wieder und mit Nachdruck betont Pannenberg die Zusammengehörigkeit beider Momente des Offenbarungsgeschehens. „An Jesus selbst hatte sich die endgültige Bestimmung des Menschen für Gott, seine

Bestimmung zur Auferweckung von den Toten, zu einem neuen Leben, erfüllt. Die Offenbarung der letzten Bestimmung des Menschen an Jesus selbst ist so der Grund für die Erkenntnis seiner göttlichen Vollmacht geworden. So eng hängen die Kundmachung Gottes durch Jesus und die Offenbarung der menschlichen Bestimmung in ihm zusammen." (195) Die endgültige Erfüllung der menschlichen Bestimmung, das Heil eines integren, das ungeteilte Dasein in sich versammelnden Lebens, ist nach Pannenberg manifest in der Gestalt des auferstandenen Gekreuzigten. „Die Erfüllung der menschlichen Bestimmung ist an Jesus offenbar geworden durch seine Auferweckung von den Toten. Dieses Ereignis ist Jesus nicht für sich widerfahren, sondern für alle Menschen; es hat die Bestimmung aller Menschen zu einem Leben in der Nähe Gottes, wie Jesus sie verkündet hatte, an ihm selbst erscheinen lassen." (200) Der auferstandene Gekreuzigte ist sonach wahrer Mensch (195ff) als Repräsentant (199ff) und Stellvertreter (202) der Menschheit vor Gott. Ausdrücklich behandelt Pannenberg die exemplarische Bedeutung des Menschentums Jesu in der Geschichte der Christologie, angefangen von der paulinischen Adam-Christus-Spekulation über Schleiermachers Urbildtheorie bis hin zu den christologischen Konzeptionen der Gegenwart. Dabei betont er, daß der auferstandene Gekreuzigte nicht nur Prototyp des Humanen, sondern zugleich Bedingung der Möglichkeit wahren Menschseins, sowohl exemplum als auch sacramentum humanitatis sei.

In welcher Weise in Jesus Christus die menschliche Bestimmung österlich offenbar ist, verdeutlicht Pannenberg insbesondere in zweifacher Hinsicht: erstens im Blick auf das Amt Jesu als den Auftrag, unter dem sich der Irdische zeitlebens wußte (218ff); zweitens an dem Geschick, insbesondere an dem Kreuzesgeschick, das Jesus am Ende seines irdischen Daseins widerfuhr (251ff). Was das Amt Jesu betrifft, so bestand es im wesentlichen darin, „Menschen in die mit ihm schon erschienene Gottesherrschaft zu rufen" (218; bei P. gesperrt). In kritischer Distanz zur traditionellen Dreiämterlehre (218ff), die nach seinem Urteil dem tatsächlichen Auftreten Jesu nicht gerecht wird, skizziert Pannenberg den eschatologischen Sinngehalt der Mission Jesu (232ff). Charakteristisch für Jesu Sendung zur Verkündigung der nahen Gottesherrschaft war zunächst, daß er Gottes Zukunft von seiner eigenen Gegenwart unterschied, um alles auf die Zukunft Gottes jenseits seiner selbst und seiner eigenen Gegenwart zu setzen. Jesus entspricht mithin seiner Sendung gerade durch die radikal durchgehaltene Selbstunterscheidung von Gott. Der proleptische Zug im Vollmachtsanspruch Jesu bestätigt eben dies. Im Unterschied zum ersten Adam ist es nicht sein Wille, Gott gleich zu sein;

er verweist im Gegenteil weg von sich, auf die nahe Ankunft der Herrschaft seines Vaters. Eben so aber, in jener konsequent verfolgten Selbstunterscheidung von Gott und seinem künftigen Reich, ist das göttliche Reich bereits gegenwärtige Wirklichkeit in ihm. Deshalb konnte er das eschatologische Heil und die Vatergüte Gottes unmittelbar zusprechen (234 ff). In engstem Zusammenhang, ja als Realisation jener eschatologischen Ausrichtung des Lebens Jesu ist auch sein theoretisch und praktisch vertretener Liebesgedanke zu begreifen. Die Tatsache, daß Jesus seine Identität außerhalb seiner selbst wußte, im kommenden Gott, dem Vater, befähigte ihn zu mitmenschlicher Hingabe und Solidarität sowie zur Überwindung sündiger Selbstzentriertheit durch Liebe (239 ff).

In letzter Zuspitzung repräsentiert sich jenes Wesen Jesu, im Jenseits seiner selbst bei sich zu sein, welches den Inbegriff seiner Sendung ausmacht, in seinem Kreuzestod, der von Ostern her „als die an unserer Stelle erlittene Strafe für das gotteslästerliche Dasein der Menschheit offenbar" ist (251; bei P. gesperrt). Um den stellvertretenden Strafleidenssinn des Sterbens Jesu recht zu verstehen, muß man sich nach Pannenberg den Konflikt Jesu mit dem Gesetz als Konsequenz der Eigenart seines Auftretens und dessen Beziehung zu seiner schließlichen Kreuzigung vergegenwärtigen. Indem er mit Zöllnern und Sündern Gemeinschaft hielt und ihnen Anteil an der Gottesherrschaft zusprach, indem er seinen Vollmachtsanspruch antithetisch der Autorität der mosaischen Thora entgegenstellte usf., setzte Jesus das Gesetz faktisch außer Kraft (257 f). „Der Vorwurf der Gotteslästerung (Mk 14,64) durch die Inanspruchnahme einer nur Gott zustehenden Vollmacht dürfte das eigentliche Motiv für das Vorgehen der jüdischen Behörde gegen Jesus gewesen sein, was auch immer die Vorwände im einzelnen gewesen sein mögen, mit denen die Anklage selbst arbeitete." (258) Jesu Tod ist nicht etwa bloße Folge des Böswillens einzelner, sondern in der überlieferten Autorität des jüdischen Gesetzes selbst begründet. Darin besteht zugleich die „tatsächliche, tiefe Zweideutigkeit" (260) des Kreuzestodes Jesu.

Erst auf diesem Hintergrund kann schließlich die Radikalität jener Sinnumkehrung des Kreuzesgeschehens ermessen werden, wie sie an Ostern statthat. Hat Gott den im Namen des Gesetzes mit Grund Verworfenen auferweckt, ist die überlieferte Autorität des Gesetzes aufgehoben (261). In diesem Sachverhalt sieht Pannenberg im Anschluß an die paulinische Theologie den eigentlichen Grund des stellvertretenden Sinnes des Kreuzestodes Jesu gegeben. Was die Stellvertretung für Israel betrifft, so hat „die Todesstrafe, die Jesus getragen hat, ... (als) die dem ganzen Volke, sofern es an die Autorität des Gesetzes gebunden ist, zukommende

Strafe" zu gelten (267). In seiner Auferweckung nämlich ist der vom Gesetz als Gotteslästerer Verworfene als der wahrhaft Gerechte offenbar, während seine vor dem Gesetz gerechten Richter in ihrer Funktion als Repräsentanten des Volkes des Gesetzes rückwirkend als die eigentlichen Gotteslästerer erscheinen. Jesus trug also die Strafe, die seinen Richtern gebührte (266). Dieser die stellvertretende Bedeutung des Kreuzestodes begründende Wechsel ist, wie gesagt, eine Funktion der österlichen Sinnumkehr, in welcher zugleich die Verbindlichkeit des jüdischen Gesetzes aufgehoben ist. In dieser Aufhebung des Gesetzes ist dann weiterhin auch die negative Bedingung der Gottesgemeinschaft der nicht-jüdischen, heidnischen Menschheit zu sehen (268). In seinem positiven Gehalt erschließt sich der universale Stellvertretungssinn des Todes Jesu für alle Menschen indes nur, wenn der – was hier nicht ausgeführt werden kann – im Gesetz und durch das Gesetz dokumentierte Zusammenhang von Sünde und Tod in seiner Allgemeingültigkeit erkannt wird. Ist das der Fall, dann kann von einer stellvertretenden Bedeutung des Todes Jesu für alle Menschen deshalb gesprochen werden, weil von nun an keiner mehr, sofern er in Gemeinschaft mit Jesus steht, den von diesem gestorbe-nen Tod des Gotteslästerers, mithin den Tod völliger Gottesferne und ewiger Verdammnis sterben muß. „Nur er starb den Tod der gänzlichen Verlassenheit, während das Sterben aller übrigen Menschen in der Ge-meinschaft mit ihm Geborgenheit finden kann." (271) Deshalb braucht fortan niemand „seinen Tod einsam und ohne Hoffnung zu sterben; denn in der Gemeinschaft mit Jesus ist die Hoffnung auf die eigene künftige Teilhabe an dem neuen Leben, das an Jesus schon erschienen ist und dessen Inhalt die Gemeinschaft mit Gott ist, begründet". (277)

VII.

Ich beschließe die Skizze der Pannenbergschen Theologie der Auferwek-kung Jesu mit einigen Hinweisen zum pneumatologischen Sinngehalt des Osterereignisses. Dabei kann es nicht darum zu tun sein, den Zusammen-hang zwischen Christologie und Pneumatologie oder auch nur die Rele-vanz des Geistwirkens für das Auferstehungsereignis selbst detailliert zu entfalten. Alleinige Absicht ist es, die fundamentalanthropologische Be-deutung der Auferweckung des gekreuzigten Jesus von Nazaret in pneu-matologischer Perspektive noch etwas klarer herauszustellen. Schließlich kann von der an Ostern manifesten Bestimmung des Menschen nur dann angemessen die Rede sein, wenn die Begegnung mit dem auferstandenen

Gekreuzigten und der göttlichen Selbstoffenbarung in ihm Prozesse konkreter Selbstwahrnehmung und Selbstidentifikation auf seiten der Menschen eröffnet. Die in Jesus Christus gegebene Bestimmung des Menschen muß dafür aufgeschlossen sein, nicht nur in äußerlicher Objektivität, sondern auch, wenn man so will, innerlich-subjektiv wahrgenommen werden zu können. Für eben diese Aufgeschlossenheit des Ostergeschehens, ja der im Ostergeschehen offenbaren Beziehung zwischen dem Sohn und seinem göttlichen Vater überhaupt, steht der Heilige Geist. Er ist sozusagen die Aufgeschlossenheit in Person und repräsentiert als dritter im göttlichen Bunde die Offenheit der Vater-Sohn-Beziehung für Mehrzahl. Als solcher nimmt er den Menschen, wie er sich faktisch vorfindet, hinein in die göttliche Offenbarungsgeschichte und gibt, indem er durch Wort und Sakrament Glaube und Liebe schafft, lebendigen Anteil an ihr. „Weil Gott", um mit Pannenberg zu reden, „nicht nur Vater und Sohn, sondern auch Geist ist, darum wird er nicht nur *Gegenstand* unseres Bewußtseins, sondern nimmt uns selbst in seine Wirklichkeit hinein." (176) So greift „die als vom Glaubenden verschieden erfahrene, insofern ‚objektive' Gottheit des Vaters und des Sohnes ... durch den Heiligen Geist auf die Subjektivität des Glaubenden selbst über" (176, Anm. 144). Dies ist nicht so zu denken, daß sich im Geistgeschehen gegebene Offenbarung und faktisches Selbstverständnis des Menschen einfachhin vermitteln. Zwar trifft es wohl zu, daß die gegebene Offenbarung dem ihr eigentümlichen Sinngehalt gemäß zur Aufhebung ihrer gegenständlichen Form tendiert. Aber dieser Aufhebungsprozeß vollzieht sich nicht anders denn in der Weise einer grundlegenden Wandlung faktischer Subjektivität des Menschen.

Um nur die wichtigsten Stationen jenes in der Begegnung mit dem Geistzeugnis von der Selbstoffenbarung Gottes im auferstandenen Gekreuzigten statthabenden Wandlungsgeschehens zu benennen: es hebt an mit einer Einsicht in die menschliche Identität und Wesensbestimmung, die man als Schöpfungsanamnese bezeichnen könnte. Wie aber der Geist nicht unmittelbar von sich selbst, sondern von dem im Sohne offenbaren Vater zeugt, so ist auch die Schöpfungsanamnese des geistergriffenen Menschen orientiert an der Offenbarungsgeschichte Gottes in Jesus, wobei, um auf die erwähnte Periodisierung zurückzugreifen, der Eigenart der Sendung, dem Amte Jesu eine besondere Bedeutung zukommt. Die charakterisierte Botschaft Jesu vom kommenden Gottesreich und die mit ihr verbundene Haltung radikaler Selbstunterscheidung vom Vater bildet recht eigentlich Anlaß und Gehalt der sog. Schöpfungsanamnese. Um noch einmal die strukturellen Grundgedanken zu benennen: Jesus ist im

Verfolg seiner Sendung gerade deshalb das wahre Geschöpf bzw. der Inbegriff der Schöpfung, in welcher Gott selbst als väterlicher Schöpfer real präsentiert ist, weil er sich als Geschöpf vom Schöpfer radikal unterschieden weiß. Diese Selbstunterscheidung Jesu wiederum, durch welche seine Einheit mit Gott vermittelt ist, ist zugleich die Basis seiner Mitmenschlichkeit und Weltliebe. Indem Jesus der einzige Sohn des Vaters in seiner Unterscheidung von ihm ist, anerkennt er dessen Schöpfungswerk als ein von ihm unterschiedenes und unterscheidbares, mithin sich selbst als Geschöpf. Jesu Anerkennung des väterlichen Schöpfers impliziert mithin die Anerkennung seiner selbst als Geschöpf und die Anerkennung anderer Geschöpfe dergestalt, daß Jesus nicht einer allein, sondern einer unter anderen in einer gemeinsam gegebenen Welt sein will. Jesus ist die erfüllte Schöpfung gerade deshalb, weil er andere Geschöpfe als von ihm unterschiedene will und anerkennt. Jesu Anerkennung der Eigenständigkeit der Geschöpfe ist seiner Anerkennung des Schöpfergottes komplementär. In der Liebe zum Geschöpf findet Jesu Liebe zum Schöpfer ihren lebensweltlichen Ausdruck, und in der Hingabe an die Menschen realisiert sich, was in der Hingabe an Gott seinen Grund hat. In der Gestalt Jesu koinzidieren so Gottesglaube und Menschenliebe.

Was der irdische Jesus solchermaßen vorlebte, nimmt der Glaubende im österlichen Geistzeugnis als seine eigene Bestimmung wahr – freilich nicht ohne zugleich zu erkennen, daß er diese Bestimmung fundamental verfehlt hat und somit in einer für ihn unhintergehbaren Weise am Fall der Sünde partizipiert. In der durch das Geistzeugnis vom irdischen Leben Jesu hervorgerufenen Schöpfungsanamnese ist Schöpfung mithin nurmehr in Vergangenheitsform präsent. Oder anders gesagt: Die Erkenntnis der eigenen geschöpflichen Wesensbestimmung hat die Gestalt des schlechten Gewissens. In jenem schlechten Gewissen ist einerseits die Verfehlung der schöpfungsgemäßen Identität als Selbstverfehlung gewußt und mithin die Zurechenbarkeit der Sünde als Schuld gewährleistet, andererseits keine Möglichkeit der selbsttätigen Wiedergewinnung der ursprünglichen Identität angelegt.

Es ist im Rahmen dieses Beitrags nicht möglich, was nur im Zusammenhang einer detaillierten Rekonstruktion zu leisten wäre, nämlich alle weiteren Momente der geistbewegten Genealogie des christlichen Bewußtseins zu entfalten. Ich muß mich mit der thetischen Feststellung begnügen, daß das Bewußtsein der Selbstverfehlung für den Glauben den äußersten Abgrund erreicht in der Begegnung mit dem Kreuz Jesu, welches ihm als die Wahrnehmungsgestalt und Konsequenz der eigenen Gottlosigkeit und Unmenschlichkeit gelten muß. Erst im Lichte des

Ostergeschehens, das zwar, wie Leben und Kreuzesgeschick Jesu von Nazaret, so auch Schöpfungsanamnese und Selbsterkenntnis des Christenmenschen gänzlich umfängt, das aber zugleich seinen Brennpunkt und seine Strahlungsquelle hat in einem besonderen Geschehen, eben im Ereignis der Auferweckung Jesu, erst im Lichte dieses Geschehens kann das Kreuz von Golgota sodann auch erkannt werden als Möglichkeitsgrund einer Aufhebung des Schuldbewußtseins und Beginn eines neuen Lebens im Geiste, das seine schöpfungsgemäße Bestimmung nicht länger als verfehlte und der Vergangenheit verfallene betrachten muß, sondern dem eine offene Zukunft erschlossen ist. Denn an Ostern hat gemäß dem Zeugnis des Geistes Gott selbst sich mit dem identifiziert, der nicht einer allein, sondern einer unter vielen, Sohn Gottes nicht sein wollte ohne jene, die durch den Fall der Sünde ihrer Sohnschaft verlustig gingen. Durch diese Solidarität mit den Sündern wurde Jesus selbst in den Fall der Sünde hineingezogen und drohte in ihm unterzugehen. In diesem Sinne hat das Kreuz tatsächlich den Charakter des Strafleidens, von dessen bis zur resignatio ad infernum reichenden Abgründigkeit man sich keinen Begriff machen kann. Aber an Ostern hat sich Gott selbst zum am Schandpfahl gekreuzigten Sünderfreund bekannt und sich mithin als derjenige erwiesen, der zwar die Sünde haßt, aber den Sünder liebt. Davon zeugt der Geist. Wie aber der Geist, der von der göttlichen Selbstoffenbarung im auferstandenen Gekreuzigten ausgeht, der Gottheit gleich wesentlich zugehört, so ist die soteriologische Bedeutung Osterns in ihrem theologischen Sinn mitenthalten. Während die mit sich allein gelassene Sünde dem Abgrund verfällt, der sie selbst ist, bekehrt der Geist des auferstandenen Gekreuzigten den Sünder vom in sich widrigen Unwesen seiner Sünde und nimmt ihn hinein in das göttliche Reich, dessen universale Vollendung zwar noch aussteht, dessen Wirklichkeit und Wahrheit aber in Glaube, Liebe und Hoffnung bereits jetzt zum Vorschein kommen.